HEIDELBERGER POETIKVORLESUNGEN
Band 3

herausgegeben von
FRIEDERIKE REENTS

MAXIM BILLER

Literatur und Politik

Universitätsverlag
WINTER
Heidelberg

Bibliografische Information der Deutschen Nationalbibliothek
Die Deutsche Nationalbibliothek verzeichnet diese Publikation
in der Deutschen Nationalbibliografie;
detaillierte bibliografische Daten sind im Internet
über *http://dnb.d-nb.de* abrufbar.

Die Heidelberger Poetikdozentur am Germanistischen Seminar
ist ein Projekt der Universität Heidelberg in Kooperation mit der
Stadt Heidelberg und Teil der Heidelberger „UNESCO City of
Literature"-Aktivitäten; sie wird unterstützt durch die großzügige
Förderung von Drs. Karin und Peter Koepff.

Diese Publikation wurde gefördert durch:

ISBN 978-3-8253-6920-0

Dieses Werk einschließlich aller seiner Teile ist urheberrechtlich geschützt.
Jede Verwertung außerhalb der engen Grenzen des Urheberrechtsgesetzes
ist ohne Zustimmung des Verlages unzulässig und strafbar. Das gilt ins-
besondere für Vervielfältigungen, Übersetzungen, Mikroverfilmungen und
die Einspeicherung und Verarbeitung in elektronischen Systemen.

© 2018 Universitätsverlag Winter GmbH Heidelberg
Imprimé en Allemagne · Printed in Germany
Umschlaggestaltung: Klaus Brecht GmbH, Heidelberg
Druck: Memminger MedienCentrum, 87700 Memmingen

Gedruckt auf umweltfreundlichem, chlorfrei gebleichtem
und alterungsbeständigem Papier

Den Verlag erreichen Sie im Internet unter:
www.winter-verlag.de

Reihenvorwort

Seit der Gründung der Heidelberger Poetikdozentur im Jahr 1993, die auf Initiative der damaligen Inhaber der Lehrstühle für Neuere Deutsche Literatur am Germanistischen Seminar der Universität Heidelberg, Helmuth Kiesel und Dieter Borchmeyer, in Kooperation mit dem Kulturamt der Stadt Heidelberg zu Stande kam, haben renommierte Schriftstellerinnen und Schriftsteller nicht nur interessierten Studierenden, sondern auch einem breiten städtischen und überregionalen Publikum die Möglichkeit gegeben, Einblick in die Werkstatt ihres literarischen Schaffens zu geben.

Die Idee, Autorinnen und Autoren einzuladen, sich über mehrere Vorlesungen hinweg über eine selbst gewählte Frage zur zeitgenössischen Literatur zu äußern, begleitend aus aktuellen Werken zu lesen und sich den Fragen des Publikums zu stellen, wurde von der Hörerschaft schnell angenommen. Die Poetikdozentur wurde bald zum Markenzeichen der traditionell ohnehin literarisch geprägten Stadt und des naturgemäß dieser Tradition verpflichteten Germanistischen Seminars bzw. der Neuphilologischen Fakultät.

Die gewählten Zugänge waren so unterschiedlich wie die Werke der eingeladenen Poetikdozentinnen und -dozenten und berührten die ganze Bandbreite von Produktions-, Werk- und Rezeptionsästhetik: So sprach etwa Peter Bieri über die Herausforderung, Erfahrungen überhaupt zur Sprache zu bringen; Brigitte Kronauer über die Unvermeidlichkeit, aber auch die Zweideutigkeit von Literatur; oder Louis Begley und Felicitas Hoppe über die jedem literarischen Schreiben zugrunde lie-

1

gende Unterscheidung von Fakten und Fiktion bzw. Autobiografie und Selbsterfindung. Während Michael Rutschky von Notizkalendern als Prätexten seines Schreibens berichtete, hoben Lutz Seiler oder Frank Witzel die Bedeutung der Popmusik als Impulsgeber ihrer Werke hervor. Während es bei Wilhelm Genazino um Furcht und Zittern der Überempfindlichen, bei Ulla Berkéwicz um den Verbleib des heiligen Schreckens und bei Patrick Roth um Suspense ging, verlegte sich Eckhard Henscheid auf die Frage nach dem Sinn des Unsinns und Martin Walser auf des Lesers Selbstverständnis. Als Vertreterin der Popliteraten sprach Alexa Henning von Lange über den ‚Sound' des Hier und Jetzt, während sich Alban Nikolai Herbst über die Arbeit am Sterben der Schriftkultur Gedanken machte. Und schließlich, zeitgeschichtlich motiviert, ging es bei Volker Braun um das Schreiben nach der Wende, bei Bernhard Schlink, aber auch bei Seiler und Genazino, um das über Vergangenheit und Heimat und schließlich – wie in diesem Band nachzulesen ist – bei Maxim Biller um das prekäre Verhältnis von Literatur und Politik.

Nach knapp einem Vierteljahrhundert erfolgreicher Zusammenarbeit von Stadt und Universität, seit Jahren großzügig gefördert durch das dem künstlerisch-städtischen Anliegen verpflichtete Ehepaar Karin und Peter Koepff, haben wir uns im vorvergangenen Jahr dazu entschlossen, die zukünftigen, aber auch die vergangenen Poetikvorlesungen herauszugeben. Deshalb wurde diese Reihe gegründet: um den Vorlesungen in immer flüchtiger werdenden Zeiten einen angemessenen Raum in gedrucktem, hoffentlich bleibendem Format zu geben.

Heidelberg im Herbst 2018

Friederike Reents

Germanistisches Seminar der Universität Heidelberg

2

Inhaltsverzeichnis

Maxim Biller
LITERATUR UND POLITIK

Maxim Biller

LITERATUR UND POLITIK

Wer nichts glaubt, schreibt

Wir waren vier oder fünf deutsche und österreichische Schriftsteller, die alle jüdische Eltern hatten und selbst mehr oder weniger Juden waren, und wir flogen im Herbst 1991 zusammen nach New York, mitten in den schönsten, weichsten, sonnigsten Indian Summer hinein.

Ich kann mich nicht mehr an jeden aus unserer kleinen Reisegruppe erinnern, aber ich bin sicher, dass Robert dabei war, der Dichter, der kurz danach seinen Roman *Gebürtig* veröffentlicht hat, ein Buch, das für die deutsche Nachkriegsliteratur genauso wichtig ist wie sonst nur die eine oder andere Böll-Geschichte, Koeppens *Tauben im Gras* und Jörg Fausers *Rohstoff* – oder jedenfalls sollte es das sein, wenn die Welt und das große germanistische Über-Ich gerecht wären. Und Barbara war mit uns in New York, die erst einige Jahre vorher aus Ostberlin in den Westen geflohen war, die Tochter gläubiger jüdischer Kommunisten, die im Gegensatz zu ihnen lieber an einen echten jüdischen Gott glaubte als an seine weltlichen Stellvertreter Walter Ulbricht und Karl Marx, und die seitdem meist genau darüber ihre kurzen, schönen Romane schrieb.

Und dann war da noch Peter, mehr Journalist als Schriftsteller, dessen damals viel gekaufte Buch-Interviews mit jungen Juden und mit Kindern von Nazis sehr viel mehr von der deutschen Gegenwart und ihren schwarzen historischen Löchern erzählten als praktisch jedes bis zur romantischen Unentschlüsselbarkeit hermetische, antirealistische Suhrkamp-Buch. Peter interessierte sich vor allem dafür, warum die Seelen der Täterkinder noch mehr schmerzten als die der Opferkinder, und dass er später Europa-Abgeordneter und Generalsekretär der FPÖ wurde, kann deshalb bei ihm der Ausdruck seines ganz persönlichen Stockholm-Syndroms gewesen sein. Aber vielleicht war er auch nur der jüdischste Jude von uns, weil er, wegen des vielen Ärgers, den man damit hat, wenn man schon mal Sklave des ägyptischen Pharaos war, irgendwann am liebsten gar kein Jude mehr gewesen wäre. Das nennt man dann das Karl-Kraus-Syndrom.

Die Konferenz, zu der man uns nach New York eingeladen hatte, hieß *Can Germany be a Place for Jewish Authors today?*. Ich weiß nicht mehr genau, worüber wir drei Abende und zwei Tage lang geredet hatten. Ich weiß nur noch, dass wir meistens im Goethe-Institut in der Fifth Avenue herumsaßen und vor ein paar alten Juden, alten Nazis und jungen Germanistikstudenten Schriftsteller spielten, und weil es tagsüber noch ganz hell und warm war, waren die Fenster auf, und wir hörten von draußen den New Yorker Soundtrack aus Polizeisirenen, Müllwagen und oft ziemlich verrücktem Geschrei.

Bestimmt ging es sehr viel darum, dass kurz vorher aus zwei besetzten deutschen Staaten wieder ein einziger, großer, freier geworden war. Und bestimmt wollte man von uns wissen, ob man es in einem solchen, von den Alliierten unbeaufsichtigten Deutschland als Jude und Schriftsteller leichter oder schwerer hätte. Das einzige Gespräch, an das ich mich aber wirklich genau erinnern kann, fand auf einer Bank im Central Park statt, morgens, am letzten Tag, und ich weiß auch noch, dass die Bank von der Nacht noch ein bisschen kalt und feucht war.

„Glaubst du", sagte ich zu Robert, nachdem wir eine Weile darüber geredet hatten, dass seine Mutter nach dem Krieg sofort wieder nach Wien zurückgegangen war und meine Eltern mit meiner Schwester und mir 1970 aus der Tschechoslowakei ausgerechnet nach Deutschland emigriert waren, „glaubst du, es wäre besser gewesen, wenn wir in Amerika aufgewachsen wären und unsere Bücher auf Englisch schreiben würden?"

„Nein, wieso?", sagte er ernst, aber zugleich war in seinem großen, schwarzen Gesicht, so wie immer, auch ein fast schon naives Lächeln. „Was hätten wir davon gehabt?"

„Ein großes jüdisches Publikum zum Beispiel, dem wir ab und zu aus der Seele sprechen würden, aber manchmal würde man uns auch dafür verfluchen, dass wir vor den Gojim sogar noch das letzte schmutzige Schtetlgeheimnis ausplaudern", sagte ich. „Und wir könnten uns mit Hunderten jüdischer Kritiker und Literaturwissenschaftler herumschlagen, die genau wüssten, was wir wollen und warum es uns nicht immer gelingt. Wäre das nicht aufregend?"

„Ja, okay", sagte Robert. „Das klingt wirklich ganz gut."

„Und vielleicht hätten wir sogar eine eigene literarische Gruppe gehabt."

„Eine Gruppe?", sagte er erstaunt, „wozu?"

„Ich weiß nicht", sagte ich, weil er so überrascht war, ebenfalls überrascht. „Man hilft sich, man redet miteinander, und wenn einer so gut ist wie du, willst du noch besser sein."

„Nein, das kannst du vergessen." Er lächelte, aber diesmal nicht ganz so naiv. „Das bringt immer nur Ärger. Schriftsteller sollten gar nichts gründen, höchstens Familien."

„Und nicht einmal das ist sicher", sagte ich, „stimmt's?"

„Ja, genau", sagte er, und dann gingen wir – der über den hohen Bäumen aufgehenden tiefroten amerikanischen Sonne entgegen – hinüber zum Goethe-Institut, wo Barbara und Peter und die anderen auf uns warteten.

„Obwohl als einzelner schreibend", sagte Heinrich Böll am Anfang seiner Frankfurter Poetikvorlesung im Frühling 1964, „habe ich mich nie als einzelnen empfunden, sondern als Gebundenen. Gebunden an Zeit und Zeitgenossenschaft, an das von einer Generation Erlebte, Erfahrene, Gesehene und Gehörte." Dann sprach er ziemlich ausführlich und offen darüber, wie kaputt und nervös und ihrem eigenen Land entfremdet er und seine schreibenden Altersgenossen von der Gruppe 47 seit dem Ende des Krieges gewesen seien. Und schließlich fragte er sogar – nicht nur rhetorisch –, ob man Leute wie sie lieber in eine psychiatrische Klinik schicken sollte oder gleich ins Krematorium.

Ja, ins Krematorium, das sagte Heinrich Böll nur ein paar Jahre nach Treblinka und Birkenau wirklich, und weil ich ihn als großen Stilisten, Erzähler und Antiromantiker liebe, verzeihe ich ihm, dass er ein bisschen so tun wollte, als seien er und seine Kollegen und Freunde die neuen Juden, eine Verdrehung und Wunschprojektion übrigens, die ich, tiefenpsychologisch betrachtet, fast verstehe. Und so gesehen verstehe ich es auch, dass Böll, der genauso wie Hans Werner Richter, Alfred Andersch, Günter Grass und all die anderen in der Wehrmacht und in der Waffen-SS genug Gelegenheit hatte, Russen, Amerikaner und Juden umzubringen oder wenigstens beim größten Massenmord der Weltgeschichte mitzuhelfen und dabeizusein – ja, ich verstehe es, dass er dann auch noch, die eigene Schuld verdrängend, erklärte, er und seine kleine, aber unfeine Peergroup seien in der westdeutschen Nachkriegsrepublik von Mördern umgeben, „die frei und frech in diesem Land" umherliefen und „denen man nie einen Mord wird nachweisen können". Verdrehung Nummer zwei? Ja, was sonst. Denn er meinte damit nicht etwa sich selbst und seine schreibenden Ex-Kameraden von der Prosafront. Er meinte jeden anderen jungen und nicht ganz so jungen deutschen Mann außer ihnen, und es ist genau diese tief empfundene, menschliche, melodramatische, aber zugleich sehr verlogene Realitätswahrnehmung, ohne die vermutlich keiner ihrer Romane, keine ihrer Geschichten denkbar gewesen wären.

„Vor diesem Hintergrund", schloss der tolle, dumme Heinrich Böll seine Generationsbetrachtungen dann auch noch stolz, „bildete sich etwas, das man inzwischen – nach zwanzig Jahren Abstand – deutsche Nachkriegsliteratur nennen kann. Gebunden also an die Zeit und Zeitgenossenschaft." Womit er – ironischerweise Zeit seines Lebens und auch danach wegen seiner unideologischen, menschlichen Art zu denken und zu schreiben selbst eine Art Außenseiter – nichts anderes als zwanzig Jahre Gruppe 47 gemeint hat. Zwanzig Jahre, in denen sich ein paar Dutzend gleichgesinnter deutscher Nachkriegsautoren gegenseitig beweihräucherten, hassten, groß machten und kritisierten und vor allem dafür sorgten, dass jeder, der anders dachte und schrieb und vielleicht sogar einen abweichenden, weniger schizophrenen Blick auf die Kriegszeit hatte, gar nicht erst in den BRD-Literaturkanon aufgenommen wurde. Oder haben Sie schon mal von den großen Romanen von Hans Erich Nossack oder Hans Scholz gehört? Aber das ist noch mal eine ganz andere Geschichte.

Warum ich hier so ausführlich diese längst vergessene Rede zitiere? Weil ich selbst auch ein paar Jahre lang davon geträumt habe, mit Leuten, die mehr oder weniger meiner Generation angehörten und eine ähnliche Geschichte wie ich hatten, die Literatur und die literarische Öffentlichkeit zu erobern. Nur – wer genau sollte das sein? Mit wem teilte ich, um mit Heinrich Böll zu sprechen, gemeinsam Erlebtes, Gesehenes und Gehörtes? Wer hatte in Deutschland die gleichen Erfahrungen wie ich? Wer kam aus einer jüdischen Familie, die sich so kurz nach dem Krieg ausgerechnet hierher verirrt hatte? Wem war das, so wie mir, manchmal völlig egal? Wer konnte gleichzeitig nicht aufhören, darüber nachzudenken, was seine damals übervorsichtigen deutschen Freunde und Feinde, Lehrer und Kollegen über ihn wirklich dachten? Wer verglich, so wie ich, seine Familiengeschichte mit deren Familiengeschichte? Wer belog sich so wie ich, wer wurde genauso wie ich von seinen Eltern belogen, wenn es um ihre eigenen Vergehen in den Zeiten des großen nazistischen und stalinistischen Tötens ging? Wer machte aus genau diesem aufregenden biografischen Gewirr voller Wahrheit und Betrug Literatur? Wer war, in anderen Worten, außer Robert, Barbara und Peter sonst noch da, der gewusst hätte, wie ich es wirklich meinte, wenn zum Beispiel in meiner allerersten druckreifen Kurzgeschichte *Horwitz erteilt Lubin eine Lektion* ein alter, böser, trauriger, geiziger, leicht betrügerischer Schoah-Überlebender auftauchte, der zum Schluss auch noch seinen unschuldigen Kater an der Wand seiner winzigen, kalten Wohnung im Frankfurter Westend zerschmetterte?

Den meisten deutschen Lesern und Kritikern, die nichts falsch machen wollten, war eine solche Geschichte natürlich unangenehm. Sie verwirrte sie und machte sie, die schuldig geborenen Kinder antisemitischer Täter und Mitläufer, oft sogar leicht aggressiv, denn sie sahen – hallo, Unterbewusstsein! – dort eine Karikatur, wo ich einen Juden aus Fleisch und Blut auftreten ließ, der nicht bloß deshalb zum Heiligen geworden war, weil er ein paar KZs überlebt hatte. Ein Jude, erst recht einer, der selbst schrieb, wusste aber sofort, wer der alte, bittere Katzenmörder aus meiner Short Story war: Das war natürlich ich selbst, kein Holocaust-Zombie zwar, aber trotzdem genauso wie mein unsympathischer, mitleiderregender Antiheld unglücklich und böse, weil ich in Deutschland lebte, obwohl ich es nicht musste und wollte, und dass ich deshalb, so wie er, auch ein bisschen sadistisch geworden war, verstanden meine jüdischen Kollegen bestimmt auch. Denn sie wussten, genauso wie ich, dass echte Literatur niemals das Zeichnen von Heiligenbildern, moralisches Selbstalibi und nationale Proganda in Schönschrift ist, sondern die Wahrheit und nichts als die Wahrheit. Dass diese den eigenen Leuten und dem Autor selbst oft besonders weh tut, macht sie für die nachfolgenden Generationen natürlich erst recht interessant und aufregend.

Leider habe ich mit Robert, Peter und Barbara nie über meine erste Erzählung gesprochen, aber ich bin sicher, dass sie genauso über sie dachten wie ich, denn mir begegneten in ihren Büchern ähnliche schlimme, traurige, verwirrte jüdische Figuren. Ich habe nicht in New York mit ihnen darüber gesprochen und auch bei keiner anderen Gelegenheit, und wenn wir uns später alle paar Jahre zufällig irgendwo trafen, redeten wir generell nie darüber, was der andere machte und warum er es so machte und nicht anders und was uns daran gefiel oder nicht. Keine Ahnung, warum wir unser Wissen, unsere Ideen und Einwände nicht miteinander teilen wollten. Hatten wir Angst, von den anderen bestohlen zu werden? Wollte jeder von uns in einem Land ohne Juden das jüdische Monopol für sich ganz allein? Waren wir zu wenige, um an die Durchsetzungskraft vieler zu glauben? Wahrscheinlich von allem ein wenig, und vielleicht mochten wir uns einfach nicht genug, um jahre- und jahrzehntelang beruflich und persönlich miteinander verbunden zu sein.

So blieb von meinem Traum einer jüdischen Gruppe 47 nur die Erinnerung an ein Gespräch auf einer Parkbank in New York, und dass Robert, mit dem ich nie telefoniere oder im Kaffeehaus sitze oder was auch immer, mir bis heute einmal im Jahr auf meinem Anrufbeantworter zum Geburtstag gratuliert, zeigt, dass er selbst die Idee mit der Gruppe vielleicht doch nicht so schlecht fand.

Kaum war ich aus New York nach Deutschland zurückgekommen, waren tausend andere Dinge wichtiger als ein Club, in dem ich wahrscheinlich sowieso kein Mitglied geworden wäre, wenn man es von mir gewollt hätte – dafür war meine im Sozialismus entstandene Allergie gegen Kollektive einfach zu groß. Ich saß nun wieder fast jeden Tag mit Claudius, Jens, Rainald und lauter anderen vergnügungssüchtigen, aber auch sehr arbeitsamen Leuten in München im Schumann's, in der Maximilianstraße, und am liebsten war ich hinten in der Küche, wo ich dabei zuschaute, wie Charles, der beste Koch der Welt, die beste Pasta der Welt kochte. Ich erfand einen jüdischen Jour fixe im einzigen jüdischen Restaurant der Stadt, im Maon in der Theresienstraße, ich schrieb jeden Tag eine Seite, ich wartete ungeduldig auf die über hundert alten Jazz- und Soulplatten, die ich in den New Yorker Secondhand-Läden für verrückte tausend Mark gekauft und mir, ohne zu fragen, auf Kosten der *Tempo*-Redaktion nach München selbst geschickt hatte. Und ich ging einmal in der Woche in den schönen, kalten Helmut-Lang-Laden in der Kardinal-Faulhaber-Straße, in der Hoffnung, dass endlich der Schlussverkauf begonnen hatte. Jedesmal, wenn ich dann wieder enttäuscht rausging, sah ich die in den Bürgersteig eingelassene Metallplatte mit den Umrissen der Leiche des genau hier niedergeschossenen Kurt Eisner, und komischerweise hatte es für mich eine viel größere Bedeutung, dass es in dieser Stadt ein paar Monate lang einen jüdischen Ministerpräsidenten gegeben hatte, als dass er von einem deutschnationalen Antisemiten ermordet worden war. Wo so ein fröhlicher Träumer, Prinzipienreiter und Nudnik wie er Regierungschef werden konnte, dachte ich, konnte auch ich zu Hause sein.

Verliebt war ich in dieser Zeit, glaube ich, in niemanden. Aber ich liebte immer noch München, wo ich meine zehn Jahre Depression als ratloses und ziemlich einsames Emigrantenkind und frühreifes Schattenwesen aus einer dunklen, düsteren Hamburger Altbauwohnung überwunden hatte. Ich war im Sommer 1980 mit Zwanzig ganz zufällig an die Isar gekommen, ich war einen ganzen Tag und eine halbe Nacht hierher getrampt, und als ich am nächsten Morgen von der Leopoldstraße zum Englischen Garten spazierte und später, nach meinem Umzug, dann auch immer wieder über eine der wuchtigen, hellgrauen Isarbrücken ging, fühlte ich mich jedesmal wieder so, als sei ich in Prag, das ja nur ein paar hundert Kilometer von hier entfernt lag. Dass die Leute in München, genauso wie die Leute in Prag, lieber redeten als schwiegen, dass in den Cafés und Biergärten Studenten und CSU-Rednecks, Bankangestellte und Künstler, Politiker und Arbeitslose dicht nebeneinander saßen, tranken, Lärm machten, hatte für mich nichts mit diesem stillen, barbarischen Hamburg zu tun, wo mir sogar im Sommer so kalt wie am Nordpol war. Ja, das hier war genau die Art von Zivilisation, wie ich sie als Kind in der Stadt von Kafka und Hašek, Forman und Kundera erlebt und im protestantischen, teutonischen Norden vergessen hatte. Das hier war Mitteleuropa, das hier war die Freiheit, jemand zu sein, der manchmal auch ganz anders ist als du selbst und dem du gerade deshalb unbedingt zuhören willst.

München war für mich – das weiß ich aber erst heute so genau – nicht Deutschland. Und vielleicht war wegen München auch Deutschland für mich nicht ganz dieses Deutschland, über das ich als Journalist manchmal meine bösen, idealistischen Nudnik-Artikel schrieb, ein aus zwei demütigen, deprimierten, anti-chauvinistischen Teilen zusammengefügtes neualtes Land, in dem über Nacht der deutsche Nationalcharakter wiederentdeckt und bereits ganz siegestrunken beschworen und diskutiert wurde, so wie zum Beispiel im 1994 erschienen Ullstein-Sammelband *Die selbstbewusste Nation*, in dem Leute wie Peter Gauweiler, Rüdiger Safranski oder Hans-Jürgen Syberberg ihren Lesern erklärten, der Feind stehe immer nur links, erst recht, wenn er nicht wisse, wie schön es sei, ein Deutscher zu sein.

Nein, ob sich jemand als Deutscher fühlte oder nicht – und was das überhaupt sein sollte –, war uns, den Bewohnern meines geliebten Schumann's-und-Kurt-Eisner-Münchens völlig egal. Und darum habe ich mir auch überhaupt nichts dabei gedacht, als ich ein paar Monate nach meiner Rückkehr aus New York für die damals noch sehr kosmopolitische Züricher *Weltwoche* den Artikel *Soviel Sinnlichkeit wie der Stadtplan von Kiel* schrieb, der so viel zwischen mir und den deutschen Literaten verändern sollte. Doch, natürlich habe ich mir etwas dabei gedacht. Ich dachte, wieso liest heute eigentlich, bis auf ein paar Kritiker und Philologen, keiner die neuen Romane und Erzählungen? Dann dachte ich, weil sie von nichts handeln, ich dachte, klar, wie sollen sie auch von etwas handeln, wenn die Autoren, die sie schreiben, selbst nie etwas erlebt haben, bis auf ein paar Semester Germanistikstudium und drei Wochen Paris, und dass sie schon gar nichts darüber wissen, was ihre Eltern und Großeltern erlebt und getan haben, dachte ich, bringt sie erst recht um den Stoff, den sie bräuchten, um große Romanciers zu sein. Das alles schrieb ich tatsächlich genauso hin, weil Christian, der tolle, freundliche Wiener und *Weltwoche*-Redakteur, dem ich meine kleine Literaturtheorie irgendwann nachts um halb eins im verrauchten, lauten Babalu in der Ainmillerstraße erzählt hatte, meinte, er hätte gern genau darüber 300 Zeilen von mir, oder ruhig sogar mehr.

Leider schrieb ich auch noch etwas anderes in diesem Text, auf den in den nächsten Monaten so viele Kritiker und Schriftsteller mit ihren eigenen, wütenden, beleidigten Texten antworteten, dass ich irgendwann aufhörte, sie mir auszuschneiden. Ich schrieb, dass ich selbst, im Gegensatz zu meinen meist in mittleren deutschen Provinzstädten aufgewachsenen Gene-

14

rationsgenossen, es als tschechischer Emigrant, als Sohn russischer Eltern und als Mitglied einer Familie, die früher ziemlich viele Probleme mit den Nazis hatte, „etwas besser gehabt habe" als sie. Und ich fuhr, wie ich hoffe, ohne jeden falschen Böll-Stolz, fort: „Wieviel mehr biographisches Material kann ein Autor verlangen?" Und dann erklärte ich auch noch, dass zwar der „Holocaust in meinem Denken eine unangenehm zentrale Rolle" spiele, aber dass ich trotzdem über ihn schreiben müsse, womit ich logischerweise andeutete, dass all jene, die das nicht taten, erst dann echte Schriftsteller werden würden, wenn sie es, aus ihrer Perspektive und aus ihrer – deutschen – Familiengeschichte heraus, ebenfalls tun würden.

Wie konnte ich in diesem Moment vergessen, dass ich nicht zu Robert, Peter und Barbara sprach? Wieso war mir nicht bewusst, dass es ein Unterschied ist, ob man von Menschen abstammt, die am Rand des polnischen oder ukrainischen Massengrabs stehen und immer weiter auf die darin liegenden Toten und Halbtoten feuern, oder von den wenigen, die es geschafft haben, wieder herauszukriechen und zu fliehen? Wieso verstand ich nicht, dass jeder Deutsche, egal ob gut oder böse, sich von mir angegriffen fühlen musste? Warum war mir nicht klar, dass ich mich mit diesen Sätzen nicht in die deutsche Literatur hineinschrieb, sondern aus ihr heraus? Weil ich, denke ich jetzt, zum einen von meiner Münchenliebe so betrunken war, dass ich mir gar nicht vorstellen konnte, jemand könnte beleidigt sein, wenn ich eine andere Meinung hatte als er. Und zum anderen – und das war noch viel wichtiger, essentieller – dachte ich damals, dass es zwar mit der jüdischen Autorengruppe wahrscheinlich nichts mehr werden würde, aber literarische Diskussionen konnte man doch auch mit Leuten führen, die keine Juden waren. Oder etwa nicht?

Nein, offenbar nicht. Gleich in der ersten Replik auf meinen *Weltwoche*-Text, die eine Woche später an derselben Stelle erschien, verglich mich einer der üblichen Kritiker-Funktionäre zuerst mit einem bolschewistischen Literaturkommissar, was jeder, der sich ein bisschen im 20. Jahrhundert auskannte, als antisemitische Chiffre für „Jude" entschlüsseln konnte. Als nächstes holte er noch weiter aus und meinte – diese demagogische Opfer-Täter-Umkehrung beherrscht heute übrigens jeder beleidigte AfD-Rechte im Schlaf –, ich sei eine Art Literaturnazi, „stählern" „im Kampf für eine saubere, anständige Kultur" und gegen die vom aufrechten Feuilleton verteidigte „entartete Kunst". Und dass er mir dann – nun ohne das Wort „Jude" überhaupt noch zu verschlüsseln – vorwarf, ich stellte mich über jeden, der ein Nicht-Jude sei, zeigte mir für einen kurzen, schmerzhaften, erhellenden Moment, dass ich für Leute wie ihn nie dazugehören würde. Warum eigentlich? Weil ich ihn daran erinnert hatte, dass er ein Deutscher war? Weil er von seinem Vater gehört hatte, was für nervige, zersetzende, Unruhe stiftende Typen Leute wie ich seien? Weil er Angst um seine kleine Rezensentenmacht hatte? Keine Ahnung. Ich weiß nur noch, wie ich damals für eine Sekunde ein sehr eisiges Außenseitergefühl gespürt hatte – und wie ich es sofort wieder vergaß.

Zwei Sommer später fuhr ich nach Klagenfurt.

Was ist eigentlich jüdisch an meinen Romanen und Erzählungen? Natürlich sind es zunächst die Figuren, die Geschichten, es sind die alten Männer, die Hitler oder Stalin entkommen sind und völlig hemmungslos ihren Schmerz an ihre Töchter und Söhne weitergegeben haben, es sind die verrückt gewordenen Israelis, die ausgerechnet in Deutschland oder beim Mossad ihren seelischen Frieden suchen, es sind Schriftsteller und Journalisten, die so gern Teil einer Kultur wären, die sie hassen, weil sie sie hasst, also der deutschen.

Jüdisch sind aber auch die immer grundsätzlich, fast schamlos gestellten Fragen, die ich mit meinen literarischen Texten aufwerfe und auf die ich – als extrem auktorialer, oft hinter mehreren, scheinbar postmodernen Ebenen und Spiegelungen verborgener, quasi eingottgleich abwesender Erzähler – nie Antworten gebe, sondern nur mit Gegenfragen antworte, die sich der Leser am besten dann auch noch selbst stellen sollte. Und das ist natürlich erst recht gute, alte, halb vergessene Thoragelehrtenschule.

Ist, so lautet zum Beispiel eine dieser sehr grundsätzlichen, alles Geschehene in Frage stellenden Fragen, der völlig neurotische, masochistische Schriftsteller und Zeichenlehrer in der Novelle *Im Kopf von Bruno Schulz* selbst daran schuld, dass er eines Tages von den sadistischen Nazis Schläge bekommen wird, die ihn nicht bloß sexuell erregen werden, so wie es die Schläge seiner schönen, sportlichen, wie ein Äffchen behaarten Kollegin tun, sondern ihn auch sein Leben kosten werden? Logische Gegenfrage des wachen, selbstständigen, menschenfreundlichen Lesers: Wer bin ich, egal ob Deutscher oder Jude, um darüber zu urteilen? Und warum ist das überhaupt wichtig, wenn mich eine solche Figur, für die es tragischerweise auch noch ein reales Vorbild in Gestalt des echten ermordeten, polnisch-jüdischen Autors Bruno Schulz gibt, zu Tränen rührt?

Andere große und sehr prinzipielle Frage im Sinne meines literarischen Pilpul: Hätte nicht der so ungeschickt liebende jüdische Schriftsteller Adam in *Esra* schon nach der dritten Seite den Roman, so ähnlich wie eine besonders smarte Woody-Allen-Figur, wieder verlassen sollen, weil da bereits klar ist, dass er und die bis zur Durchsichtigkeit unsichtbare, undurchschaubare Türkin Esra einander ab jetzt nur noch Schmerz und ein paar flüchtige Orgasmen schenken werden, so wie Esras intelligente, aber gemeine Mutter es von Anfang an weiß? Und wieso – wichtige Anschlussfrage – bleibt auch Esra zweihundert Seiten lang weiter seine halbherzige, widerspenstige Geliebte, wenn sie ihn doch ständig verdächtigt, dass er über sie und sich selbst einen Roman schreiben wird, was sie auf keinen Fall will? Hier lautet, wenn ich alles richtig gemacht habe, die kluge, jeschiwaschülerhafte Erwiderung des klugen Lesers: Wieso sollten die beiden, ebenso wie der Autor des Romans, wirklich glauben, dass das, was in einem Roman geschieht, wahr ist? Wird nicht Literatur gerade erst dann zu Literatur, wenn die Abstraktion des Erzählten und Dargestellten die Realität zugleich einfasst und transzendiert? Und wie kann – Stichwort: *Esra*-Verbot – im Ernst jemand glauben, dass hingeschriebenen und gedruckten Prosaworten mit den sehr dehnbaren und von Zeitmoden extrem abhängigen Interpretationen unserer Gesetze beizukommen ist, außer er ist ein deutscher Richter?

Oder nehmen wir – letztes Beispiel – den großen deutschjüdischen Dichter Richard Rudolph Mannheimer in meiner Erzählung *Mannheimeriana*, der eher an Ludwig Greve erinnert als an Celan. Als Kind musste er mit seinen Eltern und seiner kleinen Schwester Jenny vor den Nazis nach Italien fliehen und sich in der Toskana verstecken. Er hat nur überlebt, weil er dem faschistischen Carabiniere, der ihn und Jenny am Ende aufspürte, die wehrlose Jenny übergab, damit der sie vergewaltigen konnte, und der Profit, den er auf diese Art machte, war nicht nur seine Freiheit – es waren auch die besten Gedichte seines Lebens, die er später über genau diesen widerlichen, aber höchst verständlichen Verrat schrieb. Wieso, muss hier natürlich die rhetorische Erwiderung meines imaginären Lesers auf die sich automatisch stellende Frage nach dem dunklen, amoralischen Kern von Literatur und Kunst lauten, wieso ist es überhaupt wichtig, ob dieser Richard Rudolph Mannheimer ein anständiger Mensch ist oder nicht, wenn seine Gedichte so großartig sind? Und warum können, ganz allgemein, die Gedichte, Geschichten, Romane von bösen Menschen trotzdem gut sein? Und können sie es wirklich sein? Oder gibt es vielleicht gar keine bösen und guten Menschen, keine bösen und guten Juden, sondern einfach nur uns alle, die bereits am Tag der Geburt zum Tode Verurteilten, Verlierer und Schwächlinge, die den Rest ihres Lebens nur noch Fehler und Gemeinheiten begehen – und ab und zu trotzdem ein gutes Gedicht schreiben oder eine große Symphonie komponieren können? Oder, nächste Gegenfrage, ist Mannheimers Horrortat nicht am Ende gerade ein merkwürdiger, poetischer Gegenbeweis dafür, dass es zwar fast unmöglich ist, als Mensch halbwegs okay zu sein, aber dass diese Möglichkeit trotzdem existiert, weil sie existiert? Usw., usf.

Das Jüdische an Gegenfragen ist – im Leben, in der Literatur –, dass man als Jude, also als ewig Zerrissener zwischen Welten, Kulturen und Sprachen, absolut genau weiß, dass es keine letzte endgültige Wahrheit gibt, denn es kommt immer auf die Perspektive an und auf die Machtverhältnisse, in denen man lebt – und dass man trotzdem nie aufgeben darf, nach der Wahrheit zu suchen. Diese Skepsis, kombiniert mit einer fast schon verzweifelten Neugier, steckt in praktisch jedem meiner Texte, glaube ich, und von ihr zu erzählen und sie auf diese Weise weiterzugeben, hat natürlich auch sehr viel damit zu tun, dass wir Juden unsere Gedanken und Einfälle gerne mit anderen teilen, allein deshalb, weil wir hoffen, dass dadurch die Welt, in der wir es eher schlecht als gut haben, ein bisschen besser wird.

Dass jeder, der meine Erzählungen und Romane liest, dazu eingeladen wird, zu denken, es könnte auch alles ganz anders sein, als es dort steht, ist das eine, was sie so jüdisch macht. Das andere – wahrscheinlich noch Jüdischere daran – ist mein tiefer, verwurzelter Widerspruchsgeist als Mensch, Schriftsteller, Journalist, der natürlich auch aus dem Traum von einer besseren, klügeren, sprich: anti-antisemitischen Welt erwächst. Und dann wäre da auch noch mein fast schon reflex- und talmudistenhafter Drang, immer wieder danach zu fragen, ob alles wirklich so war und ist, wie ich es in der Zeitung gelesen oder zuhause am Küchentisch gehört habe, meine ewigen deprimierenden, berauschenden, produktiven Zweifel an großen und kleinen Geheimnissen und Übereinkünften, die fast immer am Anfang meines Schreibens stehen. Dass ich hier jetzt genau darüber sprechen muss, ist mir zwar peinlich, aber es geht trotzdem nicht anders.

Am besten ich verstecke mich darum kurz hinter Jurek Becker, dem polnischen Juden, der als kleines Kind in den KZs Ravensbrück und Sachsenhausen seine ersten deutschen Worte gelernt hat. Nach dem Krieg ging sein Vater mit ihm – so als wären sie beide Figuren aus einer meiner Geschichten – ausgerechnet nach Berlin, nach Ostberlin, und dass der alte Becker seinem Sohn später diese wahnsinnige Entscheidung damit erklärt hat, er sei davon überzeugt gewesen, dass Juden in den nächsten Jahren und Jahrzehnten genau hier, im toten Herz des niedergerungenen Nazireichs, besonders sicher sein würden, habe ich vielleicht irgendwo gelesen. Vielleicht stelle ich mir das aber gerade nur vor, womit wir dann tatsächlich auch schon mitten in einer von meinen Short Stories wären.

Dass Jurek Becker besser deutsch sprach und schrieb als die meisten Deutschen, ist logisch – denn nur so konnte er in einem Land, in dem er, im Gegensatz zu Heinrich Böll, wirklich von Leuten umgeben war, die ihm einst und vielleicht immer noch nach dem Leben trachteten, unsichtbar werden. Und dass er trotzdem sein jüdisches intellektuelles und moralisches Temperament nicht verstecken konnte, ist auch völlig klar. Nicht alle seine Bücher konnten in der DDR erscheinen, nicht alle seine Drehbücher wurden verfilmt, er musste schon früh die Universität verlassen, er flog als ein bis zur Naivität kritisches Parteimitglied aus der SED und aus dem Schriftstellerverband raus, und als er wegen der Biermann- und Kunze-Gemeinheiten endlich in den Westen umgezogen war, konnte er zwar über diesen ganzen bolschewistischen Wahnsinn endlich ganz offen reden, aber leider war nun, in der Freiheit, die Zeit seiner besten Bücher vorbei.

„Ich vermute", sagte Jurek Becker in seiner Poetik-Rede, die er fünfundzwanzig Jahre nach Heinrich Böll an derselben Stelle in Frankfurt hielt, „dass seit den Anfängen von Literatur der wesentlichste Antrieb zum Schreiben das Bedürfnis nach Stellungnahme gewesen ist, also nach Widerspruch." Natürlich sprach er dabei vor allem von sich selbst, so allgemein seine Worte klingen sollten. Er sprach von einem jüdischen Autor, der in der DDR immer wieder kein Autor und erst recht kein Jude sein durfte, er sprach von seinem ersten und besten und wichtigsten Roman *Jakob der Lügner*, den er nur deshalb geschrieben hatte, weil die DEFA-Chefs das erste Drehbuch, in dem er dieselbe Geschichte eines verzweifelten jüdischen Getto-Bewohners und Märchenerfinders erzählte, aus einem bigotten, antisemitischen Internationalismus heraus abgelehnt hatten, denn Juden waren im real existierenden Sozialismus als Opfer der Nazis nicht vorgesehen – und wie bei ihnen fast genauso unbeliebt.

Ja, genau, wo es keinen Druck gibt, so erklärte es Jurek Becker nur ein paar Monate vor dem Ende der DDR einem ernsten, wohlwollenden und vermutlich völlig überforderten westdeutschen Publikum, dort gibt es keinen Gegendruck, wo du als Autor die Welt um dich herum nicht als falsch oder verlogen oder totalitär empfindest, gibt es keine Prosa, die hält, was der Autor verspricht. „Das soll nun aber nicht heißen", fuhr er in einer überraschenden Wendung fort, „Schriftsteller hätten sich als Dienstleistende an der Gesellschaft zu fühlen." Und:

„Die Qualität eines Autors steigt bestimmt nicht proportional zu seiner Ablehnung der ihn umgebenden Zustände." Nein, wirklich nicht? Aber was meinte er dann, wenn er das Außenseitertum als literarischen Brennstoff beschrieb und feierte? Ich glaube, er meinte, von seinem eigenen Leben, Denken, Fühlen ausgehend, ein Schreiben, das immer nur davon inspiriert wird und zugleich handelt, dass Leute wie er und ich und die vielen anderen jüdischen Autoren aller Länder es einfach nicht fassen können, wie fremd sie inmitten einer Gesellschaft sind, die niemals vergisst, wer sie sind, was sie selbst aber auch gar nicht wollen würden, die also, in anderen Worten, Tag für Tag, Jahr für Jahr darüber erstaunt, verwundert und wahnsinnig wütend sind, weshalb auch das leiseste, schönste, lieblichste Prosawort, das sie hinschreiben, am Ende ein sehr lauter Ausruf ihres sehr existenziellen jüdischen Protests gegen ihr ewiges Außenseitertum ist.

Oder wie sagte Jurek Becker im Sommer 1989 in Frankfurt dann auch noch? „Wenn Sie Schriftsteller sein wollen, leiden Sie an etwas, seien Sie über etwas zu Tode erschrocken, werden Sie verrückt von etwas!" Dass das ebenfalls ein brauchbares Rezept für nicht-jüdische deutsche Autoren sein könnte, kann ich mir inzwischen nur sehr schwer vorstellen. Dafür sind sie immer zu sehr bemüht, wie andere zu sein – wie andere Schriftsteller, wie andere deutsche Männer und Frauen und vor allem genauso wie ihre eigenen stummen, kalten, spießigen, schuldigen Eltern und Großeltern. Und außerdem haben sie oft diese schreckliche Angst, dass Verwandte und Freunde, Buchhändler und Kritiker nach der Lektüre ihrer Bücher böse auf sie sein könnten. Sind sie darum beim Schreiben so rücksichtsvoll, so verspannt, so unverständlich?

Der Zug, der mich im Juni 1993 nach Klagenfurt brachte, fuhr schon sehr früh am Morgen los, und während ich mich in das so angenehm nach Zigarettenrauch riechende, stark überheizte, eine lange und sorglose Fahrt versprechende Abteil setzte, fragte ich mich, ob es wirklich so klug war, diese Reise zu machen. Ich sollte beim Bachmann-Preis nicht etwa als Schriftsteller eine neue Erzählung oder vielleicht sogar ein Kapitel aus meinem ersten Roman lesen. Nein, die ORF-Leute hatten mich stattdessen eingeladen, Mitglied der in Klagenfurt öffentlich auftretenden und oft ziemlich blutrünstig richtenden Jury zu sein, was mir schon die ganze Zeit ein bisschen verdächtig vorkam. Denn spätestens seit meinem Literaturstudium an einer deutschen Universität wusste ich, dass man es in Deutschland und Österreich vorzog, in Juden Kritiker zu sehen, nicht Schriftsteller, und dass man sie genau dafür dann wiederum nicht mochte. In Wahrheit – so die lächerliche, scheinwissenschaftliche Begründung dieses bis heute in den hiesigen, oft ziemlich vernebelten Bildungsköpfen wabernden Vorurteils – sei nämlich das Wort „Kritiker", jedenfalls bei einem Juden, nur ein Synonym für „Zersetzer" und „Zerstörer", und wer Literatur und Kunst zersetze, zersetze auch die Gesellschaft und müsse darum aus ihr entfernt werden. Sie können das alles, wenn Sie wollen, bei Thomas Mann nachlesen. Und bei Wagner, Heidegger, Jünger.

Wie gesagt: Ich sollte offenbar in Klagenfurt den bösen, gemeinen Juden spielen, und vielleicht dachten die ORF-Leute auch, ich sei so eine Art junger Reich-Ranicki, was auf dasselbe hinauslief. Obwohl mir das absolut bewusst war, dachte ich, während mein langsamer, gemütlicher Klagenfurtzug über die österreichische Grenze fuhr, während wir riesige, dunkle Berge und Täler passierten, die ich nie vorher gesehen hatte, ich mache es natürlich trotzdem. Ja, dachte ich, ich mache es für die anderen jungen Schriftsteller, egal ob Deutsche, Juden oder in Deutschland geborene Türken, denn mir war irgendwann nach dem großen *Weltwoche*-Drama die Idee gekommen, dass nicht die Schriftsteller selbst an der provinziellen Bedeutungslosigkeit und Selbstverklärung unserer Literatur schuld sind. Nein, die Unlesbarkeit, Weltfremdheit und manchmal auch trivialrealistische Leere deutschsprachiger Erzählungen und Romane hatte, so vemutete ich inzwischen, vielmehr mit dem Diktat der so unkritikerhaften deutschen Literaturkritiker zu tun, die sich unentwegt hinter den Jeins ihrer pseudo-akademischen, unaufklärerischen Geschmacklosigkeit und Unentschlossenheit versteckten, die also genau diese Art von Nichts sagendem, Nichts verrückendem, Nichts enthüllendem Schreiben forderten, das ihnen so viele Schreiber – noch! – gehorsam lieferten. Und jetzt hatte ausgerechnet ich die Gelegenheit, sie live, vor den laufenden ORF-Kameras, als ahnungslose Bürokraten zu enttarnen, um so, im Namen und Auftrag aller anderen jungen Autoren ihre zerstörerische Definitionsmacht zu brechen.

Ja, richtig: Da meldete sie sich also wieder, meine völlig weltfremde, typisch jüdische Hoffnung und Illusion, dass ich – genauso wie Robert, Peter und Barbara – kein Fremder in Deutschland und in der deutschen Literatur sei, weshalb mich die nicht-jüdischen Autoren nach meiner Heldentat bestimmt in ihre Arme schließen und mit mir auf der Stelle eine ganz neue, eigene literarische Vereinigung gründen würden. Gruppe 93 zum Beispiel, dachte ich, wäre doch ein ganz passender Name. Irgendwann – es war schon spät am Nachmittag – fuhren wir durch Badgastein. Weiße und graue Nebelschwaden umhüllten die Dächer und Häuser der Stadt, deren Namen ich bis jetzt nur von einer Fritz-Muliar-Platte kannte, auf der er jüdische Witze erzählte, die natürlich fast alle im alten Österreich-Ungarn spielten, und nun kam ich mir endgültig wie in einem Märchenzug vor, der ganz langsam und entspannt aus der echten Welt herausfuhr.

Wenn ich mir heute die Aufnahmen aus dem ORF-Studio Klagenfurt anschaue, die dort während des 17. Bachmannwettbewerbs gemacht wurden, wundere ich mich zuerst darüber, wie weit damals meine Hemden und Jacketts waren, und meine godardhafte 60er-Jahre-Brille gefällt mir auch nicht mehr. Ich saß vorne, am Kritikertisch, zwischen zwei blassen, spöttisch schauenden Männern, an die ich mich kaum noch erinnern kann, und wenn ich nicht viel zu ernst guckte, was ich oft machte, lächelte ich freundlich und breit. Wann immer ich vom Jurychef gebeten wurde, etwas zu sagen, versuchte ich, nicht den Text zu kritisieren, den wir gerade gehört hatten, sondern die Urteile der anderen Kritiker. Ich sagte, dass sie Realismus nur akzeptierten, wenn er völlig unrealistisch sei. Ich erklärte, dass mich ihr penetranter literarischer Feminismus in seiner ganzen stumpfen Ideologiehaftigkeit an den sozialistischen Realismus erinnerte. Ich verglich sie, nachdem sie mal wieder einen sinnlos-rätselhaften Text in tausend blumigen Philologenworten gelobt hatten, mit Alchemisten, die auch noch aus Scheiße Gold machten. Und von den Autoren forderte ich, wenn es gar nicht anders ging, wenigstens etwas mehr Unverschämtheit und Mut und kleine Geschichten vor dem Hintergrund großer historischer Ereignisse, weshalb, wie ich ohne jeden narzisstischen Unterton hinzufügte, zum Beispiel die Schoah ein mögliches Sujet wäre, aber der Jugoslawienkrieg oder der Fall der Mauer täten es notfalls auch.

Das Publikum erschrak manchmal, wenn ich sprach, und noch öfter lachte es, aber die Kritiker und Autoren verdrehten immer öfter die Augen. Sogar der alte jüdische Emigrant Peter Demetz, der wie ich aus Prag stammte und natürlich wusste, wie es in einem anständigen mitteleuropäischen Kaffeehaus zugehen musste, damit sich keiner langweilte und man der ultimativen Weltwahrheit ein bisschen näher kam, hatte irgendwann genug von mir und warf mir Lubjanka-Methoden vor. Würde ich denn wirklich nie das Image eines jüdischen Bolschewisten und Literaturkommissars loswerden?, habe ich mich in diesem Moment bestimmt still und heimlich hinter meiner strengen Godard-Brille gefragt. Und wieso wunderte ich mich darüber überhaupt, denke ich jetzt, wenn ich doch nicht mehr und nicht weniger wollte als eine schöne, kleine und nicht ganz unblutige Literaturrevolution?

Die Revolution fand aber leider nicht statt. Nach ein, zwei Tagen kamen die ersten Autoren zu mir und baten mich mit gesenkter Stimme, sie bloß nicht zu loben, weil sie danach bestimmt keinen Preis kriegen würden. In der ORF-Cafeteria und im viel zu kleinen, engen Frühstücksraum des Hotels saß ich meistens allein, nur ab und zu setzte sich Helge zu mir, der mich ein paar Jahre vorher zu Kiepenheuer & Witsch geholt hatte, wo ich zum Glück bis heute noch bin, und er war ein bisschen stiller und ernster als sonst. Und dann waren da noch Rainald und Joachim, der Sohn von Siegfried Unseld, der am Ende doch nicht der Nachfolger seines Vaters und Suhrkamp-Chef werden durfte. Joachim, der also gerade selbst den Kampf gegen das System in der Person seines übermächtigen Vaters verloren hatte und dem er verrückterweise so wahnsinnig ähnlich sah, bis auf diesen warmen, weiblichen Blick unter den hohen Bögen seiner fast farblosen Augenbrauen – Joachim warnte mich, ebenfalls flüsternd, immer wieder davor, ständig alles auf eine Karte zu setzen, denn sonst würde ich genauso enden wie er, als Paria, als Ausgestoßener, belegt mit einem tödlichen Berufsverbot.

Ja, und sogar Rainald, dessen große Tage als Autor damit begonnen hatten, dass er sich genau hier, in Klagenfurt, im selben Fernsehstudio, vor hunderttausend Augen das Gesicht verletzt hatte und dann auch noch eine halbe Ewigkeit lang sein Blut aufs Manuskript tropfen ließ, meinte zu mir, es wäre kindisch, zu glauben, ich könnte irgendwas an irgendwas ändern, wenn ich als der Vertreter von Autoren auftrat, die genau so einen wie mich ablehnten. Spätestens, als dann noch vor der

26

Preisverleihung die ersten Artikel über den Bachmann-Preis zu erscheinen begannen, in denen mir, so wie etwa in der *SZ* oder in der *Abendzeitung*, vorgeworfen wurde, ich sei ein „Banause" und „Berufsjugendlicher" der mit seinem „Judentum argumentierte", da wusste ich, dass es nichts mit mir und der Gruppe 93 werden würde, und ich hoffte, dass schon bald mein gemütlicher Märchenzug käme und mich wieder zurück in mein geliebtes, nicht wirklich in Deutschland liegendes München zurückbringen würde.

Zwei oder drei Tage, nachdem ich wieder in München war – es war ein sehr heißer, aber auch sehr drückender, grauer Tag –, traf ich mich mit Rainald auf der Treppe der Kunstakademie in Schwabing. Er hatte seinen kleinen schwarzen Kassettenrekorder mitgebracht, ich hatte ein paar von den Zeitungsartikeln aus der letzten Woche dabei, und dann redeten wir, während der Kassettenrekorder lief und alles aufnahm, fast vier Stunden lang darüber, ob ich gerade wirklich aus der deutschen Literatur rausgeflogen war oder nicht.

„Joachim hat gesagt", sagte ich, „das war mein Ende."

„Blödsinn", rief Rainald mit seiner hellen, scharfen, damals noch sehr münchnerisch klingenden Stimme aus, „wer sich radikal äußert, ist drin!"

„Du auch?"

„Darum geht's doch gar nicht."

„Sie wollten dich damals, als du dir in Klagenfurt in die Stirn geschnitten hast, auf der Stelle ins Irrenhaus einliefern. Stimmt's?"

„Ja, stimmt."

„Und du musstest dann durch den Hinterausgang deines Hotels fliehen. Richtig?"

„Richtig ..."

„Warum sprichst du eigentlich nie öffentlich darüber?"

Er schwieg.

„Hast du dich, als du auf der Flucht warst, immer noch drin und als Teil des Ganzen gefühlt? Oder warst du spätestens dann ein echter Außenseiter?"

Wieder keine Antwort.

Ich weiß noch genau, was Rainald an diesem Tag anhatte: eine weiße Jeansjacke, graue Turnschuhe, hellblaue Jeans, und in seinem Gesicht war das feurige, wütende, brennende, rebellische Leuchten wie immer. Ich sah in dieses schöne deutsche Gesicht und dachte daran, was Rainald mir früher einmal erzählt hat. Er hatte, wenn ich mich jetzt richtig erinnere, irgendwann ein Stück geschrieben, in dem zu viele Figuren vorkamen, die offenbar zu sehr an die Autoren und Freunde von Siegfried Unseld erinnerten, in anderen Worten, es war irgendwie zu nah an der Realität und an der Wahrheit dran, oder so ähnlich. Als das Stück fertig war, fuhr Rainald nach Frankfurt, er redete mit seinem strengen Verleger darüber, und das Stück ist nie erschienen, es wurde nie gespielt. Stattdessen schrieb Rainald bald einen neuen, komplett rätselhaften, unverständlichen, jelinekhaften Text über dieselbe Sache. Der Titel fällt mir gerade nicht ein. Aber den Untertitel weiß ich bis heute im Schlaf: „Frankfurter Fassung".

Wie sehr darf man sich der Wahrheit – und den Lügen – seiner eigenen Familie, seiner Freunde, seiner Kultur und seiner nationalen Geschichte eigentlich nähern? Wie deutlich darf man dabei werden? Wie verständlich muss man sein? Wie überirdisch schön und poetisch muss man schreiben, damit trotzdem jeder versteht, dass man es nicht auf reale Personen und Ereignisse abgesehen hat, sondern nur darüber sprechen will, dass es jenseits der Wirklichkeit eine Sphäre gibt, in der sich die Tragödien und Komödien unserer Leben derart spiegeln, dass man sich in ihnen nicht so sehr selbst erkennt, sondern nur die lächerliche, sinnlose, herrliche Schönheit dieses absolut überflüssigen Daseins, dessen wichtigste, moralisch widersprüchlichste und herzergreifendste Protagonisten natürlich unsere Väter und Mütter sind? Und wie jüdisch ist es von mir, dass ich als Schriftsteller immer wieder versuche, genau das zu tun, also die großen privaten, historischen und intellektuellen Mythen zu befragen, anders gesagt: davon literarisch Zeugnis zu geben, dass nichts so ist, wie man es uns erzählt hat – weshalb ich ja auch glaube, dass hinter jeder überzeugenden Geschichte und jedem klugen Gedanken noch überzeugendere und richtigere Gedanken stecken? Und, letzte Frage, was hätte Jurek Becker dazu gesagt, dass ich seine These vom ewig skeptischen, im permanenten Widerspruch lebenden und schreibenden Autor auf diese sehr eigensüchtige, willkürliche, selbsterklärende und selbstbegründende Art und Weise erweitere? Er hätte mir natürlich widersprochen, was sonst, und dabei gelacht.

Für die Erzählung *Ein trauriger Sohn für Pollok* habe ich etwa – übrigens ohne meine Eltern um Erlaubnis zu fragen und ohne von ihnen später deshalb auch nur ein vorwurfsvolles Wort gehört zu haben – eine der mythischen Geschichten unserer Familie benutzt und durchleuchtet. Mein Vater, so geht die Familienlegende, wurde 1951 in Moskau von der Lomonossov-Universität geworfen und um eine große akademische Karriere gebracht, weil ihn sein bester Freund und größter Konkurrent am Geschichtsinstitut wegen ein paar Anti-Stalin-Bemerkungen beim Geheimdienst denunziert hatte. In meiner Erzählung stellte sich aber schon bald heraus, dass der Vater des mir bis zur Unkenntlichkeit ähnelnden Erzählers in Wahrheit selbst an seinem Rauswurf schuld war, weil er, ein klassischer kleinbürgerlicher Kleingeist, wegen einer Liebesgeschichte seinen besten Freund erpresst hat und so überhaupt erst in Schwierigkeiten geriet. In dem Roman *Biografie* tauchte der gleiche Vater-Avatar ein zweites Mal auf. Nun hat mich aber die Verwandlung des kleinen Bösewichts in einen großen Helden interessiert. Also machte ich nach ein paar hundert Seiten aus dem Vater des erneut sehr ichhaften Ich-Erzählers, der in Russland und in der Tschechoslowakei ein linientreuer und völlig unbegabter Schriftsteller war, zu meiner eigenen Überraschung plötzlich einen westlichen Agenten, der im Auftrag des BND die legendäre Kafka-Konferenz in Schloss Liblice organisiert und so ganz allein den Zusammenbruch des Stalinistischen Reichs verursacht hatte. Im Roman *Sechs Koffer* treffen wir den Vater aus der Welt meiner forschenden Fiktionen sogar ein drittes Mal wieder. Diesmal geht es darum, dass vielleicht einer seiner drei Brüder aus Angst oder aus Berechnung den antisemitischen Agenten des kommunistischen Geheimdiensts die Schwarzmarktgeschäfte ihres Vaters verraten hat und darum schuld an dessen Erschießung war. Oder war es vielleicht sogar er selbst?

Sie werden es sich schon gedacht haben: Natürlich wurde mein wirklicher Großvater vom KGB umgebracht, und ich weiß bis heute nicht, wer aus unserer Familie ihn wirklich auf dem Gewissen hatte. Und ob mein Vater tatsächlich der große Stalinkritiker und politische Held war, wie bei uns immer erzählt wurde, ist zwar sehr gut möglich, aber diese Version in Romanen und Geschichten in Frage zu stellen, heißt: das Bild vom übermächtigen, heldenhaften Vater an sich in Frage zu stellen und damit ein absolutes, vermeintlich unhinterfragbares Weltbild, mit dem ich, wie jedes andere Kind, wie jeder andere Sohn, von klein auf konfrontiert wurde. Womit wir wieder bei meinem Widerspruchsgeist wären, dem literarischen, aber auch dem intellektuellen.

Ja, es ist jüdisch, sogar sehr jüdisch, jedenfalls in meinem Fall, sich nie mit dem Bestehenden, angeblich Allgemeingültigen, Gott gegebenen, von der Mehrheit Behaupteten zufriedenzugeben, und wie sich diese Einstellung, dieser Reflex auf mein literarisches Schreiben ausgewirkt hat, habe ich versucht zu erklären. Dass ich im Restaurant schlechtes Essen zurückgebe, dass ich ein lautes, hässliches Hotelzimmer sofort gegen ein besseres tauschen muss, hat bestimmt auch damit zu tun, und interessant ist jetzt nur noch, ob dieses ewige Protestieren, Kritisieren und Unzufriedensein vor dem Hintergrund eines großen Welthasses zustandekommt, den mir so viele schon so lange zuschreiben. Oder will ich, gerade weil mir die wenigen Jahre, die ich auf dieser Erde habe, so wichtig sind, mit meiner quasi-neurotischen Dauerskepsis die Welt, die Menschen, mich selbst und vor allem meine Literatur ständig ein bisschen besser machen? Ich glaube natürlich, dass die zweite Antwort richtig ist. Die meisten meiner nicht-jüdischen deutschen Kollegen, egal ob Schriftsteller, Kritiker oder Redakteure, würden aber, wie gesagt, sofort Antwort Nummer eins wählen, worauf ich sie genauso schnell fragen würde, ob sie es nicht bei ihrem nächsten Buch oder Essay auch einmal mit etwas mehr Direktheit, Ehrlichkeit und Skepsis gegenüber den Mythen ihrer Eltern und Großeltern versuchen wollen.

Ich kann es noch anders ausdrücken: Früher, in den goldenen, sorglosen, langweiligen *Weltwoche*-Tagen, kam die kaputte, böse, traurige Kriegs- und Nachkriegsgeneration in der zeitgenössischen deutschen Literatur kaum vor. Und weil sie darin kaum vorkam, konnten ihr Schweigen, ihre Lügen, ihre großen und kleinen Verbrechen, Heldentaten und Heimlichkeiten, ihre am Küchentisch gemurmelten antisemitischen Bemerkungen und Entschuldigungen, ihr leiser Russen- und Ami-Hass auch nicht wirklich zum Thema unserer Literatur und somit des großen gesellschaftlichen Gesprächs werden. Während sich also die Gruppe 47-Kameraden selbst noch als Hitlers Beute und Rommels Kanonenfutter bemitleideten, verschwiegen ihre Enkel, ganz im Gegensatz zu ihren Söhnen und Töchtern, lange, dass sie – geschichtlich, persönlich, literarisch – überhaupt etwas mit Leuten wie ihnen zu tun hatten. Wahrscheinlich, weil sie sich nicht durch das literarische Bekenntnis zu dieser Herkunft selbst öffentlich stigmatisieren wollten. Außerdem waren sie mit Großmüttern und Großvätern genau dieser verdorbenen, seelisch zerfurchten Generation aufgewachsen, die sie zuhause, im privaten Kreis, meist ganz anders erlebt hatten, als liebe, alte, rührende Männer und Frauen, und das war ein Widerspruch, mit dem sie als kollektivhörige, konsenssüchtige Deutsche von heute verständlicherweise kaum zurecht kamen.

Inzwischen jedoch werden die alten Deutschen als junge, von den Nazis missbrauchte, unglückliche Deutsche immer öfter zu literarischen Figuren – so wie zum Beispiel in den Romanen von Ralf Rothmann, Arno Geiger und Jan Koneffke. Aber sind sie dort nicht irgendwie auch Hitlers Beute und Rommels Kanonenfutter, genauso wie in den apologetischen und darum so erfolgreichen, stil- und meinungsbildenden Kriegs-Serien und -Filmen des angeblich so antifaschistisch fühlenden TV-Produzenten Nico Hofmann? Sind sie nicht, besten- und schlimmstenfalls, schuldlos Schuldiggewordene, denen all das Mitgefühl des jedes Mal viel zu parteiischen und damit trivial erzählenden Erzählers gilt? Und sind sie nicht darum am Ende einfach nur Traumatisierte, Verletzte, als Frauen natürlich von Russen Vergewaltigte, also auch nur total Be- und Geschädigte, niemals Täter, genauso wie die 50 Millionen wahren Opfer der lustvollen deutschen Massenvernichtung und fröhlichen Angriffskriege?

Um Politik geht es mir hier aber nicht unbedingt, wenn ich diese neue deutsche Sentimentalität und Wahrnehmungsverirrung feststelle. Es geht mir um Literatur, um Qualität, um künstlerische Aufrichtigkeit. Es geht mir darum, dass meine nicht-jüdischen Kollegen, wie ich finde, erst dann endlich anfangen würden, universelle, unprovinzielle, allgemein verständliche Bücher im Sinne von Goethes Weltliteratur zu schreiben, die sie selbst ja auch so gern schreiben würden, aber fast nie hinbekommen, wenn sie sich die Lügen der Menschen vornehmen würden, die sie geprägt und erzogen haben, die sie, jedenfalls so lange sie Kinder und Jugendliche waren, in ihr totales deutsches Opferweltbild hineingezwungen haben wie in eine nur ganz leicht verschmutzte Volkssturm-Uniform. Ja, das glaube ich, so wie ich glaube, dass ihr Schweigen, Verschweigen und Beschweigen mich erst recht provoziert, den Sachen immer noch ein bisschen mehr auf den Grund zu gehen, in ihrer und in meiner Welt. Und ich weiß auch, dass sie, wenn sie hören, dass ich das gesagt habe, denken werden, wie kommt dieser russisch-tschechische Jude überhaupt dazu, uns vorzuschreiben, wie und über was wir schreiben sollen? Worauf ich, der teilnahmsvolle, teilnehmende Außenseiter, der mehr als einmal mit ihnen alles auf eine Karte setzen wollte, entgegnen werde: Ganz einfach – weil ich bisher nur einen einzigen Roman gelesen habe, in dem ein SS-Offizier unverstellt und ohne jede aufgesetzte auktoriale Erzählermoral in der ersten Person davon erzählt, wie es damals war, als er und seine Leute Juden und Russen wie Fliegen umgebracht haben – und weil *Die Wohlgesinnten*, wie dieser geniale Roman heißt, nicht etwa von einem ehrlichen, mutigen SS-Enkel geschrieben wurde, sondern von Jonathan Littell, einem jungen Amerikaner jüdischer Herkunft.

Verstehen Sie, was ich meine? Wenn ja, dann wäre bereits ein kleiner, großer Schritt gemacht.

Als ich im Herbst 1994, ein Jahr nach Klagenfurt, für mein zweites Buch *Land der Väter und Verräter* den Tukan-Preis der Stadt München bekam, dachte ich zuerst, das muss ein Versehen sein. Dann dachte ich, sie wollen mich kaufen, sie wollen, dass ich ab jetzt das gleiche undurchschaubare, irrelevante Zeug schreibe wie jeder andere junge deutsche Autor, sie wollen mich korrumpieren. Und dann hielt ich – statt mich freundlich und aufrichtig zu bedanken – in einem schönen, holzgetäfelten, dunklen Saal des Stadtmuseums am St. Jakobsplatz schlecht gelaunt eine schrecklich harte Rede, in der ich erklärte, dass „die deutsche Literatur nie mehr zum Synonym für jüdische Literatur werden wird". Ich sagte, Juden und Deutsche werden nach allem, was war, „geschiedene Leute sein". Und ich meinte dann auch noch, dass ich genau das toll und richtig fände. Statt mich also über meinen ersten und bisher einzigen großen literarischen Preis zu freuen, statt zu verstehen und anzuerkennen, dass die Kritiker, die in der Jury saßen, eben nicht auf die endgültige Trennung von Juden und Deutschen aus waren, sondern mich für meinen sehr jüdischen und zugleich universellen Zugang zum Schreiben ausgezeichnet hatten, um so diese halb vergessene Art des Erzählens in die deutsche Literatur wieder ein bisschen zurückzuholen, misstraute ich ihnen und gab ihnen öffentlich diese sehr unhöfliche, grobe, rhetorische Ohrfeige. Da war sie mal wieder, meine neurotische Dauerskepsis, aber diesmal war sie falsch, ungerecht und überflüssig, und es wird nichts dadurch besser, dass ich an diesen ersten kühlen, nach Laub und Regen riechenden Münchener Herbstabend eine so angenehme, sentimentale Erinnerung habe.

Vielleicht habe ich damals so schroff reagiert, denke ich heute, weil ich immer noch wegen Klagenfurt traurig war. Ganz bestimmt sogar. In den Monaten und Jahren danach habe ich das alles dann aber trotzdem wieder vergessen, so wie ich zum Glück fast immer alles vergesse, also die kalte Hitze im ORF-Studio Kärnten, die offenen und versteckten Anspielungen meiner Kollegen und Kritiker, erst dort und später in den vielen Artikeln über meine angeblich so wilden Bachmanntage, das vierstündige, aufgeregte Tonbandgespräch mit Rainald auf der Treppe der Kunstakademie, und kaum hatte ich den Tukan-Preis gekriegt und meine kompromisslose Rede gehalten, dachte ich ja auch gleich wieder an etwas ganz anderes. Ja, irgendwann war das alles weg, verschwunden, so als wäre es überhaupt nie passiert. Keine Ahnung, was nun in meinem Leben und Schreiben wichtig wurde, denn auch das habe ich vergessen, und als ich dann – das weiß ich jetzt aber wieder genau – im April 2000 plötzlich die Chance bekam, in der Evangelischen Akademie Tutzing eine eigene große Schriftstellertagung zu organisieren, dachte ich völlig unschuldig und euphorisch: super, großartig, genial, endlich kriege ich meine Gruppe! Ich wusste sofort, wie unser erstes Treffen heißen würde: „Freiheit für die deutsche Literatur!", wie sonst. Ich dachte, wir werden zwei Tage und zwei Abende lang darüber diskutieren, ob wir heute noch so schreiben können, wie wir wollen, und ob wir nicht selbst daran schuld sind, dass wir es nicht tun. Und wenn wir dann fertig sind, phantasierte ich weiter, werden wir alle gute Freunde sein und noch bessere Kollegen.

Ich lud sie also alle ein, nach Tutzing, ins ehemalige Schloss der Grafenfamilie Vieregg, ich lud Alissa und Christian und Feridun und Joseph und Claudius und Georg ein, und es kamen sogar noch viel mehr, als auf der Liste gestanden hatten. Ich schätze, es waren ungefähr hundert Leute, und ein paar Juden waren auch da, aber leider nicht Robert, Barbara und Peter. Doch meine Gruppe bekam ich leider wieder nicht. Denn kaum hatte ich den sehr prinzipiellen, sehr radikalen Eröffnungsvortrag gehalten, hassten und fürchteten mich alle, ich war schon wieder der sich danebenbenehmende Danebensteher, der rhetorisch brillante Bösewicht, der oberflächliche literarische Showmaster, der Impresario in eigener Sache, der alttestamentarische Blitzeschleuderer, der penetrante Moralist und Moralisierer, dem der feine Klaus Harpprecht später ausgerechnet in den *Frankfurter Heften* ganz unfein „Maulhurentum" vorwarf, und natürlich war er – es lebe der ewige deutsche Anti-Heine-Reflex! – auch noch der Meinung, dass ich ein „Provokateur vom Dienst" sei und „eine überspannte, nie erwachsene Nervensäge". Am meisten war aber Rainald auf mich sauer, nachdem ich in der Eröffnungsrede gesagt hatte, dass er deshalb so schreibe, wie er schreibt – kalt und überästhetisch –, weil er, als träges Kind der Generation Kohl, keinen Sinn mehr für Gut und Böse habe, und ich warf ihm, der mir an diesem ersten Abend im dunklen, eingeschneiten Schloss in Tutzing am Starnberger See eine Dreiviertelstunde lang mit einem entsetzten, starren Lächeln zusah und zuhörte, zum Schluss sogar das Wort „Schlappschwanzliteratur" entgegen. Ob ich damit unrecht hatte, so wie ich ein paar Jahre vorher im Münchener Stadtmuseum daneben lag, ob ich zu hart und zu kompromisslos war? Nein, ich glaube nicht, aber vermutlich hätte ich das alles ein bisschen anders sagen sollen, und am Besten nicht vor so vielen anderen Schriftstellern.

Pech gehabt, Rainald – du, aber auch ich.

Im Mai 2018 starb Philip Roth – wer, der in Deutschland Bücher liest, kennt ihn nicht und seine Romane? Nur zwei, drei Stunden nach seinem Tod, morgens um neun, bekam ich den ersten Anruf, ich glaube, es war der *Deutschlandfunk*. Sie baten mich, mit ihnen über Roth zu sprechen. Ich sagte nein, und im Lauf des Tages meldete sich noch ein halbes Dutzend weiterer Redaktionen, weil sie alle dasselbe von mir wollten. Ich gebe ehrlich zu, warum ich immer wieder ablehnte: Ich war beleidigt. Warum fragen sie ausgerechnet mich?, dachte ich. Warum lieben sie Philip Roth, der auch ein sehr jüdischer Schriftsteller war, so abgöttisch? Und vor allem: Warum habe ich, im Gegensatz zu ihm, mit ihnen immer nur Ärger und Stress, obwohl ich sogar in ihrer Sprache schreibe, über Dinge, die ihnen viel näher sein sollten als die alten und jungen Juden von New Jersey und New York mit ihren ewigen Sex- und Altersproblemen?

Ein paar Tage später – ich hörte gerade dem alten, großen Hanser-Verleger Michael Krüger dabei zu, wie er sich im Radio sehr klug und sehr herzlich an Philip Roth und seine Bücher und seinen Humor erinnerte – fiel mir plötzlich die Antwort auf meine beleidigten Fragen ein. Und sie ging so: Philip Roth hat den unsicheren, melancholischen, es oft gut meinenden Nachkriegsdeutschen, was sie ja auch waren – und eben nicht bloß passiv-aggressive Nazi-Enkel –, jene Tür zur jüdischen Welt geöffnet, die die Nazis zugeschlagen hatten, und damit zur Welt überhaupt. Er nahm ihnen die Angst vor uns, den freundlichen, bösen, bösartigen, verständnisvollen, perversen, genervten, widersprüchlichen Juden, die noch da waren, er legte sich zugleich furcht- und tabulos mit den Lügen und Vorurteilen beider Seiten an, er vertrieb jede philo- und antisemitische Heuchelei aus den Köpfen und Herzen seiner Leser. Und was habe ich gemacht? Ich habe zwar immer wieder etwas Ähnliches versucht, auch ich lasse, wie ich beschrieben habe, keine Übereinkünfte gelten, so ähnlich wie Roth, der einmal auf seine freundlich-sarkastische Art zurecht gemeint hat, man dürfe beim Schreiben nie daran denken, was später die eigenen Freunde, Verwandten und Leute darüber denken könnten, und schon gar nicht die Feinde. Aber trotzdem konnte ich im Gegensatz zu ihm den Deutschen die Angst vor den Juden nicht nehmen. Dafür gibt es viele große und kleine Gründe, klar, und einer von ihnen mag sein, dass es den meisten Deutschen fast unmöglich ist, den Humor und die Direktheit, die ich in meinem russisch-jüdischen Zuhause gelernt haben, in ihrem eigenen preußisch-evangelischen Zeichensystem unterzubringen.

Aber da ist noch etwas anderes: Philip Roth schrieb seine Bücher auf der anderen Seite des Atlantiks, wo sie auch praktisch immer spielen, in einem fast unschuldigen, märchenhaften American-Dream-Land, das nichts mit der bitteren Realität unseres kranken, seltsamerweise immer noch exististierenden Kontinents zu tun hat. Die nicht-jüdischen Deutschen und ich sind aber von hier, hier ist unsere gemeinsame Vergangenheit, Gegenwart und möglicherweise auch Zukunft. Anders gesagt: Vermutlich leben und arbeiten sie und ich viel zu eng zusammen, vermutlich sind wir zu sehr ineinander verschlungen, vermutlich verletzen wir uns deshalb gegenseitig zu oft. So gesehen habe ich es schwerer als Philip Roth, aber zugleich ist meine Aufgabe auch irgendwie interessanter. Kurzum, erst wenn mir, in dieser absoluten literarischen und historischen Ausnahmesituation, das gelingt, was Philip Roth geschafft hat, erst wenn mein jüdischer Widerspruchsgeist ein Lächeln in die Gesichter und Herzen meiner deutschen Leser bringt und nicht Wut und Panik, werde ich so gut sein, wie ich es schon immer sein wollte.

Wie repariert man Geschichte?

Viele Menschen – wenn nicht die meisten – finden, dass wir in der kompliziertesten und damit auch gefährlichsten Epoche seit dem Zweiten Weltkrieg leben. Nehmen wir an, das stimmt. Was – oder wer – macht sie so nervös? Ein amerikanischer Präsident, der so merkwürdig und unberechenbar ist wie eine Simpsons-Figur? Ein russischer Präsident, der immer jünger und böser, sowjetischer und christlicher wird und seltsamerweise nichts gegen Juden hat? Islamistische Neo-Saladine, die mit ihren Bärten und schwarzen Kleidern so gut und männlich aussehen wie die Superfood-Köche von Brooklyn und Berlin-Neukölln und gleichzeitig nichts so sehr hassen wie unsere schöne, sinnlose Popkultur?

Oder ist es eher der amoralische Anarchismus des Internets, mit dem so viele nicht zurecht kommen, die absichtliche, millionenfach verbreitete Twitter-, Facebook- und Breitbart-Lüge? Ist es das endgültige Ende eines ziemlich langweiligen, aber auch extrem stabilisierenden Ost-West-Dualismus, das sogar die klügsten meiner Freunde und Feinde neuerdings so sehr verwirrt, dass sie plötzlich die beruhigende und befriedende Schönheit eines europäischen Großstaats entdecken, ausgerechnet im Moment seines Zerfalls? Oder ist es vielleicht doch nur – und das glaube ich vor allem – die Unfähigkeit der meisten, mit diesem angeblich besonders chaotischen Chaos von heute umzugehen?

Als ich Mitte der 80er Jahre Journalist wurde, als ich anfing, einigermaßen logisch und erwachsen zu denken, zu sprechen, zu schreiben, waren die Zeiten ruhiger, die Konflikte ungefährlicher, die Kapitalisten machtloser, die Nachrichtensendungen langweiliger – jedenfalls kommt es den meisten der damaligen Bewohner des größeren, westlichen und demokratischen Teils Deutschlands heute so vor. Der Bürgerkrieg, in den die RAF-Terroristen das Land in den 70ern fast hineingezogen hätten, war abgewendet, dem ehemaligen Wehrmachts-Offizier Helmut Schmidt sei Dank, und dass viele der linksromantischen Ideen von Meinhof und Ensslin in Verlagen, Zeitungsredaktionen und Universitäten längst Mainstream waren, fiel fast niemandem unangenehm auf. Die Reichen waren noch nicht so reich wie heute, die Armen noch nicht so arm, und dazwischen gab es eine große, zufriedene Mittelschicht, die gute Kleidung und gutes Essen für dekadent, oberflächlich und irgendwie westlich hielt – und sich auch sonst nur hinter dem Limes ihres tariflich abgesicherten Durchschnitts-Einkommens, ihres bescheidenen, kleinbürgerlich-schlechten Geschmacks und der Innerlichkeitsliteratur von Peter Handke und Ulla Hahn wohl und sicher fühlte. So sicher und wohl und vom Rest der Welt abgeschottet, dass den selbstzufriedenen Bewohnern von Frankfurt-Sachsenhausen und Hamburg-Eppendorf der blutige, brutale Besatzer-Krieg, den die sowjetische Armee in diesen Jahren in Afghanistan führte, beim *Tagesschau*-Gucken nur ein kurzes Schulterzucken wert war. Und von ihrem Fernsehsofa aus gesehen bewohnten osteuropäische Dissidenten wie Václav Havel und Andrej Sacharow denselben fernen, unbekannten Planeten wie E. T., der arme, nette, aber auch ziemlich eklige Außerirdische.

Ich selbst sah die Welt damals etwas anders: Waren die 80er Jahre für die meisten Deutschen so etwas wie das Helmut-Kohl-Paradies auf Erden, so waren sie für mich eher eine sehr kultivierte Vorhölle. Ich fürchtete zwar nicht, dass ein exzentrischer Populist wie Franz Schönhuber, eine Art First-Generation-Vorläufer von Höcke und Storch, mit seinen „Republikanern" in Deutschland eine Nazi-Diktatur errichten könnte. Ich hatte keine Angst vor Terrorismus – gerade weil er für mich durch meine vielen Israel-Reisen Normalität war und ich selbst im Sommer 1982 am Münchener Flughafen einen Anschlag erlebt und überlebt hatte. Und auch sonst ging es mir eher gut als schlecht, denn ich hatte gerade erst, mit 22 Jahren, meinen sowjetischen Pass abgegeben und war endlich – nicht nur in den Augen der Bürokraten – kein Fremder mehr in Deutschland. Und trotzdem fand ich, dass ich in einer sehr schwierigen und gefährlichen Zeit lebte, und meist kam es mir so vor, als sei ich der Einzige, dem das wirklich bewusst war.

Was störte, nervte und beunruhigte mich am meisten? Es war – paradoxerweise – das so vorbildliche Verhältnis der gebildeten, der halbwegs sauberen Deutschen zu ihrer schmutzigen Geschichte. Es war ihre manische und, wie ich fand, undurchsichtige Art, mit der sie immer wieder über die Verbrechen, die ihre Väter und Großväter begangen hatten, redeten und schrieben. Manisch – weil sie von ihrer lästigen Erbschuld so besessen waren wie Rosenberg und Goebbels von der angeblichen jüdischen Weltverschwörung, und das war psychoanalytisch gesprochen natürlich eine ziemlich peinliche Projektion. Undurchsichtig – weil sie zwar einerseits immer wieder betonten, wie sehr sie sich für die Massenmorde im Namen Hitlers und Deutschlands schämten, wie sehr sie wünschten, dass so etwas nie wieder geschehen würde. Andererseits ging es bei ihrer ewigen Vergangenheitsbewältigungs-Litanei, die sie am liebsten mit lauter abstrakten Statistiken und einer kalten, euphemistischen und schwer verständlichen Wissenschaftsterminologie spickten, eigentlich nur um die Schäden, die sie selbst durch den Holocaust abbekommen hatten.

Das merkte ich zum Beispiel bei jedem neuen Antisemitismus-Skandal, von denen es damals noch nicht so viele gab, das begriff ich, wenn sich der damalige Bundestagspräsident Philipp Jenninger in einer Rede angeblich zu sehr auf die Seite der Hitlersoldaten geschlagen oder Rainer Werner Fassbinder ein scheinbar antisemitisches Theaterstück geschrieben hatte. Dann sagten die sauberen Deutschen immer besonders laut und wütend, so etwas ginge schon deshalb nicht, weil dadurch das von ihnen mit so viel Kraft und Disziplin wiederhergestellte Ansehen Deutschlands im Ausland kaputt gemacht werde. Je öfter ich, ein sehr unreligiöser und sehr jüdischer Jude, das hörte, desto klarer wurde mir, dass Vergangenheitsbewältigung nur ein anderes Wort für eine sehr fragwürdige Geschichtsreparatur war, dass es den sauberen Deutschen in Wahrheit nie um tote Juden ging, sondern nur um sich selbst, hier und heute, also um ihr ganz aktuelles Leben in einer, schönen, neuen, hoffentlich schon bald vollkommen posthistorischen Welt, in der sie sich nicht mehr als die stigmatisierten Kinder und Enkel von Massenmördern zurechtfinden und rechtfertigen müssten, als die sie immer noch von Amerikanern, Polen und Israelis gesehen wurden, in der sie endlich nur noch sie selbst sein dürften – was immer sie sich, damals noch ganz vage, darunter vorstellten.

Dass die glücklichen, selbstzufriedenen Deutschen der 80er und frühen 90er Jahre so tun wollten, als hätten sie ihre Kindheit und Jugend ohne traumatisierte Ostfront-Großväter oder ehemalige Napola-Schüler verbracht, die im Lauf der Zeit ihre Lehrer, Professoren und Chefredakteure geworden waren, konnte ich noch irgendwie verstehen. Unangenehm und gefährlich – dachte man das Ganze zwanzig, dreißig Jahre in die Zukunft – fand ich ihren von zunehmender historischer Einäugigkeit genährten Narzissmus in dieser Sache.

Warum schwärmte plötzlich nachts um halb drei im Münchener Parkcafé, nur ein paar Meter von der Tanzfläche entfernt, einer meiner alten Philosophie-Kommilitonen für Ernst Jüngers unsentimentalen, soldatischen Blick und Stil, für seine Paulskirchenverachtung und seinen rechten Anarchismus, welcher, wie der ehemalige Lacan-Schüler und spätere *BR*-Redakteur mit leuchtenden Augen zu den lauten Bässen von Madonnas *Like A Virgin* brüllte, angeblich gar nichts mit nationalsozialistischem Kleinbürgerwahn zu tun gehabt hatte? Warum wurde inzwischen in den – vermeintlich liberalen – deutschen Feuilletons der Staatsrechtler Carl Schmitt, der nichts so sehr hasste wie die bürgerliche Demokratie und von einem Faschismus ohne Hitler auf deutschem Boden träumte, öfter zitiert als Brecht, Lukács und Sartre? Wieso wurde Ernst Nolte, der die Judenvernichtung bloß als leicht übertriebene, leicht verrutschte Selbstverteidigungs-Geste des vom barbarischen Kommunisten-Osten bedrohten Westens beschrieb, nach einer kurzen Anstandspause wieder regelmäßig in der *FAZ* gedruckt? Woher kam diese wachsende, fast kultische Verehrung für Martin Heidegger, diesen wirren und sehr spießigen Zivilisationsphobiker? Wie konnten Heideggers Jünger so gutgelaunt seine Nazi-Karriere und seinen Antisemitismus ignorieren?

Und was steckte wirklich hinter der Wut des so unsympathischen, kalten, egomanen Ich-Erzählers in Christian Krachts Roman-Meilenstein *Faserland* auf die noch lebenden alten Nazis, die, wie er fand, mit ihren Gedanken, Gesichtern und Geschichten sein schönes Deutschland verpesteten? Ach, wie wunderbar könnte dieses Land ohne sie sein, ließ Kracht diese moderne Variante des hässlichen Deutschen nur drei Jahre nach der blitzkriegartigen deutschen Wiedervereinigung am malerischen Ufer des Neckar fabulieren, wie grün die Bäume, wie freundlich die Sonne, wenn es wegen ihnen „keinen Krieg gegeben hätte und wenn die Juden nicht vergast worden wären".

Spätestens, als ich das las, wurde mir dank Christian Krachts hochintelligentem, für die Nach-Wende-Generation so schmerzhaftem Roman klar, was offenbar wirklich hinter der selbstbezogenen Beschäftigung der Deutschen mit ihrer verunreinigten Vergangenheit steckte. Hitler hatte nicht nur den Krieg begonnen und verloren, dachten sie, fühlten sie, raunten sie, er hatte vor allem die Deutschen durch den Holocaust auf viele Jahre, vielleicht sogar für immer in globale Parias verwandelt und es ihnen zugleich unmöglich gemacht, ihr eigenes Land zu lieben und zu genießen. Böser Hitler – aber auch irgendwie böse Juden, denn hätten sie nie Deutschland zu ihrem Land gemacht, hätten sie nicht die deutsche Wirtschaft und Kultur jahrzehnte- und jahrhundertelang maßgeblich geprägt, hätten sie nicht das politische und gesellschaftliche Handeln der traditionell anti-zivilisatorisch eingestellten Deutschen mit ihrem radikal-aufklärerischen Denken inspiriert und modernisiert, dann, ja dann, wäre er bestimmt auch nicht auf die Idee mit Auschwitz gekommen, nicht wahr? Wie lautete also am Ende die ultimative Gleichung der historischen deutschen Bewältigungsmathematik? Ohne Juden kein Hitler gleich ohne Juden kein Antisemitismus? Klar, was denn sonst!

Ja, es stimmt wirklich – ich habe schon damals die neu erwachende Liebe der aufgeklärten, aber auch nicht ganz so aufgeklärten Deutschen zu solchen prä- oder neben-nazistischen Figuren wie Jünger, Schmitt und Nolte sowie ihre Sehnsucht nach dem idyllischen, von Weltkrieg und Weltpolitik unberührten Deutschland als die Wiedergeburt eines deutschen Nationalbewusstseins gedeutet, dessen dunkles, kaltes Herz eine tief sitzende Autoritätshörigkeit und Demokratieverachtung ist, bei den einen eher vom kleinbürgerlichen Wunsch getrieben, als ewiger Untertan nicht ständig selbst für das eigene Leben verantwortlich sein zu müssen, bei den anderen zu einer ästhetischen, literarischen Kategorie erhoben und voller bohemienhafter, dekadenter Sehnsucht nach dem ultimativen Diktatorenrausch. Dass von dort dann ein direkter Weg zu AfD und

Pegida führte, zu Götz Kubitscheks pseudo-intellektuellen Neo-Nazismen und zur passiv-aggressiven 68er-Mimikry der Identitären, wie sie die beiden angeblichen ideologischen Antagonisten und Ehepartner Caroline Sommerfeld und Helmut Lethen praktizieren, weiß ich erst heute. Aber vielleicht ahnte ich auch schon damals, dass der langsam anhebende teutsche Sirenengesang nicht der Epilog von etwas längst Abgestorbenem war, sondern dessen kräftiger Neubeginn, denn warum sonst hätte ich in den goldenen, paradiesischen Tagen von Kohl, Schröder und Fischer ausgerechnet die ewige historische Selbstkritik in Deutschland so gefährlich und beunruhigend gefunden? Und warum habe ich damals sogar die Philosemiten als Antisemiten verdächtigt und mich mit ihnen, wo immer ich konnte, angelegt?

Das, was ich über das schräge, unehrliche, explosive Verhältnis der Deutschen zu ihrer Vergangenheit und zu ihrer Gegenwart dachte und schrieb, wollten logischerweise nicht viele hören. Hätte ich trotzdem damit aufhören sollen? Hätte ich mich von der Ablehnung meiner Ideen einschüchtern und verwirren lassen sollen? Hätte ich vor den Zukunftvisionen, die ich selbst zeichnete, Angst kriegen und in unproduktive Panik verfallen sollen, so ähnlich wie heute die Journalisten, die angesichts der angeblich so besonders chaotischen politischen Lage morgens am liebsten gar nicht mehr auf ihr Telefon schauen oder das Radio anmachen, in Sorge, dass schon wieder etwas Furchtbares passiert ist oder Donald Trump einen seiner panischen Droh-Tweets ins Internet gejagt hat? Hätte ich, so wie sie, Journalismus mit Politaktivismus verwechseln und, statt selbst-gedachte, den linken und rechten Konsens unterlaufende Artikel zu schreiben, billige, leere, allseits anerkannte Antifaschismus-Parolen auf Zeitungs- und Magazinseiten skandieren sollen? Hätte ich vielleicht sogar, so wie es heute eine der heißesten Feuilleton-Moden ist, zum pädagogischen, sprich: fraternisierenden Gespräch mit den kleinen und großen Geistern der neuesten konservativen Revolution aufrufen sollen? Und – vor allem – wer wäre nicht alles froh gewesen, wenn ich am besten ganz geschwiegen hätte?

Wer dachte damals eigentlich so ähnlich wie ich? Bis auf ein paar plump antideutsche und salonstalinistische *Konkret*-Leute wahrscheinlich fast niemand. Die wenigen Juden, die in Deutschland lebten, hielten mich für einen heinehaften Nestbeschmutzer, der die ritualisierte und distanzierte Koexistenz von Deutschen und Juden störte. Die wirklich guten Deutschen, die es natürlich auch gab, waren sauer, denn sie selbst meinten es ernst, wenn sie mit der Aktion Sühnezeichen für ein Jahr nach Israel fuhren, den Zivildienst in einem jüdischen Altersheim machten, ihren Kindern hebräische Namen gaben oder sich durch Jürgen Serkes Buch der verbrannten Dichter lasen. Meine Eltern wollten einfach nur nicht, dass ich mir ständig neue Feinde machte. Doch besonders genervt von meinem ewigen jüdischen Herumstochern im opaken deutschen Nationalprojekt „Vergangenheitsbewältigung", das ich oft mit einer extrem aggressiven Kritik am klammheimlich zu sich kommenden deutschen Nationalismus kombinierte, waren natürlich all die nicht ganz so guten, meist linken Deutschen – und das waren wirklich sehr viele. Sie konnten und wollten sich gar nicht vorstellen, dass ihr selbstdeklarierter Antifaschismus, dass ihr Engagement für jede entrechtete Gruppe und jedes diskriminierte Geschlecht dieser Erde sie nicht automatisch von den Übereinkünften und Lebensgewohnheiten ihrer schuldig gewordenen Eltern und Großeltern befreite, und nun kam auch noch ich und beschrieb sie als die links gewendeten Spiegelbilder ihrer rechts gedrillten Vorfahren, und das fanden sie natürlich überhaupt nicht komisch.

Ich war inzwischen ein junger Journalist geworden, der eigentlich nur von eigenen Romanen und Short Stories träumte, und weil ich das Glück hatte, dass ein anderer junger Journalist aus Österreich, Markus Peichl, in Deutschland mit sehr viel Geld die kleine, aber laute Zeitschrift *Tempo* gegründet hatte, konnte ich, bis ich für die Literatur erwachsen genug war, für ihn genau die Artikel schreiben, die ich schreiben wollte, und leben konnte ich davon auch noch. Das war auch damals nicht selbstverständlich, und vermutlich wäre ich ohne diese ungewöhnliche journalistische und finanzielle Freiheit und Unabhängigkeit ein anderer Autor geworden – ganz bestimmt sogar.

In meiner seit 1988 monatlich erscheinenden *100-Zeilen-Hass*-Kolumne beschrieb ich dann zum Beispiel die berühmte *Zeit*-Herausgeberin Marion Döhnhoff, deren Versöhnerinnen-Image längst das von Willy Brandt überstrahlte, als eine autoritäre, deutschnationale Pseudo-Liberale, die interessanterweise für Rudolf Hess und das chilenische Pinochet-Regime mehr Verständnis aufbrachte als für wütende schwarze Südafrikaner und die täglich um ihre staatliche Existenz kämpfenden Israelis, worauf ich jahrelang nicht mehr in der *Zeit* schreiben durfte. Ich wünschte den Deutschen ebenfalls ein ehemaliges NSDAP-Gespenst wie Kurt Waldheim als Präsidenten, damit sie wie die Österreicher endlich offen auf ihre braune Vergangenheit stolz sein konnten, statt immer nur in heuchlerische Wir-waren-auch-nur-Opfer-Klagegesänge einstimmen zu müssen. Und in einer Reportage über die Reise von fünfzig jungen deutschen Juden nach Polen erzählte ich, wie sie einerseits zwischen Auschwitz- und Majdanek-Besuch sehr viel verrückten, oberflächlichen Jugendspaß miteinander hatten – und wie sie andererseits, immer wieder gegenwärtigem polnischem Judenhass ausgesetzt, begriffen, dass nicht einmal der gesamteuropäische Holocaust-Schock der frühen Nachkriegszeit den ewigen Antisemitismus habe besiegen können, dass also dort, wo Nichtjuden sind, auch immer Judenhass sein wird – und dass ausgerechnet das Land, in dem sie lebten, bislang den

Weltrekord im Judenumbringen aufgestellt hatte, Punkt und Ende der Illusionen. Ich widersprach also dem großen deutschen Philosemitismus-Märchen, das sich die sauberen Deutschen gegenseitig erzählten, ich sagte, übertriebene Judenliebe sei nur verborgener Judenhass, und spätestens als Ulrich Greiner, einer der wichtigsten und stilsichersten Feuilletonisten des Landes, mich in einer wütenden Entgegnung auf die Auschwitz-Reportage als ungehorsamen, widerspenstigen, typisch jüdischen Juden beschimpfte, wusste ich, dass ich recht gehabt hatte.

Aber was nützte es mir, dass ich recht hatte? Wen überzeugte ich mit meinen Texten und Argumenten? Wie viele meiner von ihrer eigenen historischen Prägung und manischen Bewältigungsonanie geblendeten Leser und Gegner hörten nach der Lektüre meiner Artikel und Kolumnen auf, bewusst und unbewusst von einem präfaschistischen, autoritären Deutschland zu halluzinieren und einer sehr ambivalenten, sehr intensiven und die Zukunft ihres Landes vergiftenden Judenliebe nachzuhängen? Darüber dachte ich zum Glück nicht nach. Statt dessen schrieb ich, der Deutsche wider Willen, der als Zehnjähriger mit seinen Eltern und seiner Schwester von Prag nach Hamburg gezogen war, immer wieder, dass Deutschland sich back to the future bewegte, und dass ich mir damit, wie meine Eltern meinten, mehr Feinde als Freunde machte, betrachtete ich, als rein intuitiver Dialektiker, auch noch als Bestätigung meiner Arbeit.

Heute weiß ich natürlich, dass das – zumindest kurzfristig betrachtet – falsch war. Warum? Weil ich, gleich im doppelten Sinn des Wortes, gegen den Zeitgeist anschrieb, weil nämlich, erstens, schon damals fast niemand meine Meinung teilte und weil sich, zweitens, das Land längst auf dem Weg in die von mir befürchtete Zukunft befand, und hätte ich das alles gewusst, hätte ich es vielleicht schnell wieder sein gelassen, was wiederum, wie ich später noch zeigen will, nicht richtig gewesen wäre.

Was fiel mir also im Februar 1990 zu Lea Rosh ein, einer der bekanntesten TV-Journalistinnen Deutschlands? Dass sie mit ihren überheblichen, strengen Geschichtslektionen, die sie als antifaschistische Domina regelmäßig den Deutschen im Fernsehen erteilte, genau das Gegenteil von dem bewirkte, was sie wollte, dass sie in Wahrheit den Rechten die zukünftigen Wähler in die Arme trieb und dass ich außerdem gar nicht so sicher war, ob sie nicht genau das wollte. Zu Martin Walser, dem ehemaligen DKP- und internationalistischen Herzschmerz-Linken, stellte ich fest, dass seine ewige Holocaust-Scham so ähnlich glaubwürdig war wie eine Fleckenentferner-Werbung; und dass er das Anwachsen des Rechtsradikalismus damit begründete, Deutsche hätten ihre Nationalgefühle zu lange im Keller ihres schlechten Gewissens eingesperrt, fand ich auch ziemlich linksrechts und selbstentlarvend. Und dann war da noch Botho Strauß, der Liebling des gehobenen Alt-68er-Theater-Boulevards, der schon 1993 in dem *Spiegel*-Essay *Anschwellender Bocksgesang* die Deutschen dazu aufrief, wieder ein bisschen mehr das „Unsere" zu ehren und „die Verhöhnung des Soldaten, die Verhöhnung von Kirche, Tradition und Autorität" zu beweinen. Ihn beschimpfte, bekämpfte und argumentierte ich zu Boden, so oft ich nur konnte, und noch mehr hasste ich all die, die ihn druckten, lasen und heimlich bewunderten.

Bilanz meines kolumnistischen Kampfes gegen Rosh, Walser und Strauß: Lea Rosh hat es fünfzehn Jahre später geschafft, den Deutschen ein angebliches Holocaust-Mahnmal aufzuzwingen, auf dessen verquere, identitätsstiftende nationale Wirkung à la Akropolis oder Mount Rushmore man erst einmal kommen musste, und wer weiß, ob es nicht für zukünftige deutsche Generationen eher so eine Art Triumphbogen sein wird, das Symbol der – fast – geglückten Judenvernichtung. Walser hat zwei Jahre nach meiner Anti-Walser-Kolumne in der Frankfurter Paulskirche eine herzhafte Genug-geschämt-Rede gehalten, mit der er sich, noch vor seinem HJ-Kollegen Grass, als Deutschlands Dichterfürst Nummer eins in die Herzen und Köpfe seiner immer rechter werdenden linken Landsleute schwadronierte. Und Botho Strauß, der bis heute regelmäßig im *Spiegel* und in der *Zeit* seine in reaktionärem, raunendem, eskapistischem Spengler-Deutsch verfassten Essays gegen die vermeintliche Saft- und Effektlosigkeit der Demokratie publizieren darf, kann inzwischen zurecht als der Karl Marx der neuen deutschen Rechten und AfD-Theorie-Gründungsvater gelten.

Ja, genau, es war alles umsonst, ich habe politisch und moralisch praktisch nichts erreicht, ich habe mich also ohne Erfolg und oft auch noch zu meinem eigenen Schaden immer weiter aus dem linksliberalen Medien-Mainstream herausgedacht und -geschrieben, zu dem ich von Anfang an nicht wirklich gehörte. Deutschland ist heute, trotz einer CDU-Kanzlerin und ihrer SED-haften Totalumarmung sozialdemokratischer Positionen, trotz Vaterschaftsurlaub, Gendertoiletten und Polizisten mit Pferdeschwänzen, trotz der fast schon hippiehaft-naiv berichtenden und kommentierenden öffentlich-rechtlichen TV- und Radiosender – dieses vermeintlich so offene Deutschland ist nicht weltläufiger, nicht demokratischer, nicht individualistischer, nicht unrassistischer, nicht unantisemitischer als vor zwanzig, dreißig Jahren. Denn es ist längst auch AfD-Country geworden, ein Land, in dessen Parlament plötzlich Leute sitzen, die schwarze Deutsche auf Twitter als „Halbneger" bezeichnen und bewusst zweideutig von „barbarischen, muslimischen, gruppenvergewaltigenden Männerhorden" schwadronieren, ohne je für ihre kleinbürgerlich-paranoiden Verbal-Pogrome von einem Gericht zur Verantwortung gezogen worden zu sein, extreme und sehr extreme Deutschnationale also, die genug haben vom deutschen „Schuldkult", die die Schoah hart an der Grenze zur Volksverhetzung als historischen „Vogelschiss" umdefinieren wollen, die die NPD als Vorläuferpartei der AfD loben und es durch ihr ewiges Gejammer über den angeblichen Verlust ihrer kleinen, stickigen, deutschen Welt geschafft haben, das längst wieder unschuldige Wort „Heimat" erneut turbo-nationalistisch zu kontaminieren – was wiederum demokratische Politiker wie Robert Habeck, Sigmar Gabriel oder Oskar Lafontaine dazu inspiriert, ihren Parteien ebenfalls etwas mehr Heimattrunkenheit zu empfehlen, und das klingt dann fast schon wieder so, als wollten sie der rechten Propaganda vom linken Vaterlandsverräter auf diese Art entgegenwirken. Aber vielleicht ist das auch einfach nur eine Verbeugung vor ihren lieben und ach so geliebten Mitläufer-Großvätern, die ihnen früher zum Geburtstag mal einen Fünfzig-Mark-Schein und mal eine Platte mit den besten Hitler-Reden herübergeschoben haben.

Nein, das Deutschland von heute ist wirklich alles andere als ein freiheitliches, vorurteilsfreies Eldorado. Im Gegenteil sogar – die patientenhafte Selbstbezogenheit der von der Holocaust-Schuld traumatisierten Nachkriegsgenerationen ist endgültig einem sehr provinziellen, sehr chauvinistischen und vollkommen ahistorischen Solipsismus gewichen, dessen durch die Wiedervereinigung wiederbelebtes, zentrales, volksgemeinschaftliches Grundprinzip lautet: „Sei wie die andern, oder sei gar nicht", und zwar egal, innerhalb welcher politischen oder sozialen Gruppierung. Darum – und nur darum! – sind bis heute unsere Redaktionen und Theater und Verlage so weiß, darum findet man in den Politbüros der Parteien praktisch keine Einwandererkinder, und wann immer ein Rapper, eine Berliner Schulklasse oder Jakob Augstein in leichte bis mittlere Judenfresser-Stimmung verfallen, wird das – auch kein Zufall – vom durchschnittlichen *Zeit-Online*-Leser und Linken-Wähler entweder ignoriert, klein geredet, insgeheim gutgeheißen oder, was besonders verräterisch ist, zum Schein radikal diskutiert und dann genauso radikal vergessen. Ganz zu schweigen davon, dass alles, was jüdisch ist, in unseren Zeitungen, Theatern und Universitäten eigentlich nur dann vorkommen darf, wenn es mit der Schoah und mit toten Juden zu tun hat, wenn also auf diese Art dem pathologisch verdrehten deutschen Nationalbewusstsein gehuldigt werden kann. Gegenwärtige, echte, aus Sicht der modernen Volksgemeinschaft unerträgliche Juden kommen hingegen gar nicht vor, nur liebe russisch-jüdische Aufsteigerstreber und halb intelligente Halbjüdinnen, die eher etwas gegen das Judentum und ein jüdisches Jerusalem haben als gegen die repressive antisemitische Toleranz der deutschen Mehrheitsgesellschaft. Und wenn sie doch vorkommen, die echten, die authentischen Juden, dann müssen sie sich, so wie Shahak Shapira, Oliver Polak oder ich, ständig anhören, dass sie sich nicht benehmen können. Und dann ist da natürlich noch, wie konnte ich es vergessen, der Staat Israel, der neue „Ewige Jude", den du als *WDR*-Redakteur, als aufrechter BDS-Aktivist oder als Nahost-Korrespondent des *Spiegel* mit fleckiger DDR-Biografie aus vollem Herzen so hassen kannst wie sonst nur die eigene Stigmatisierung als ewiger Nazi-Enkel, weshalb es in Deutschland inzwischen öfter etwas über angebliche und echte israelische Besatzungverbrechen zu hören und zu lesen gibt als über Eva Brauns und Adolf Hitlers Beziehungsprobleme. Auch nicht gerade Antifaschismus pur, richtig?

Aber auch sonst kann man – kann ich – immer öfter erkennen, wie heute unter den guten und nicht ganz so guten Deutschen die Saat der falschen, unehrlichen Vergangenheitsbewältigung aufgeht, deren eigentliches Ziel es ja in Wahrheit war, mit den bösen Nazis auch die nicht ganz so unbösen Juden aus der deutschen Gegenwart auszuradieren. Sind nicht für die rechten Linken, wie man sie inzwischen eigentlich nennen sollte, die muslimischen Flüchtlinge aus Syrien und dem Irak die neuen Juden? Sagen sie nicht ständig über sie, sie wollten an ihnen wiedergutmachen, was die Deutschen einst ihren jüdischen Nachbarn angetan hatten? Und sehen sie nicht den Hass auf Israel, der diesen Leuten seit Generationen eingeflößt wird, als Bestätigung für ihre eigene traditionelle, linksrechte „Israelkritik", finden sie nicht darin eine weitere Rechtfertigung für ihren merkwürdig sublimierten und sublimierenden Philoantisemitismus?

Die rechten Rechten haben es ein bisschen einfacher. Sie benutzen die, wie man früher gesagt hätte, morgenländischen Flüchtlinge als Vorwand, um vor einem angeblichen Untergang des, wie man heute leider wieder sagt, Abendlandes zu warnen, und dass sie auch noch wirklich glauben, was sie behaupten, scheint ein interessanter Hinweis darauf zu sein, dass die Betrachtung der Frage, ob wir wirklich in besonders komplizierten Zeiten leben, absolut relativ ist und immer nur von der Perspektive dessen abhängt, der sich gerade über das ihn umgebende und angeblich verschlingende Chaos beschwert und nach Lösungen für die oft nur eingebildete oder übertrieben erlebte Krise sucht. Dass die rechten Rechten es aber nur auf die Muslime abgesehen hätten und sich nicht als nächstes auch noch die Juden vornehmen werden, kann nur jemand glauben, der nicht auf die vielen atavistischen Signale achtet, die zum Beispiel die AfD aussendet – siehe Frauke Petrys Wunsch, das Wort „völkisch" zu entdämonisieren, damals, als sie noch Radikalität für die richtige politische Strategie hielt und die Forza Germania anführte, oder das in einer Stürmer-App der Partei zu Wahlkampfzwecken bearbeitete Facebook-Foto von Martin Schulz, das ihn als verlogenen, hakennasigen, dicklippigen Karikaturjuden zeigen sollte. So sind Höcke, Gauland und Weidel in Wahrheit nur die ungezogenen, primitiven

Kinder der großen Vergangenheitsbewältigungslehre, die sich zwar auch nach einem gesäuberten Deutschlandbild sehnen, aber ihnen würde es schon reichen, wenn darauf nur die Moslems und die Juden fehlen würden, der Rest, inklusive Bach, Wagner und Armin Mohler, kann ruhig bleiben.

Ich gebe es noch mal zu: Ich habe bis jetzt wirklich nicht erreicht, was ich wollte, ich habe die Gefahr, die ich gesehen habe, zwar erkannt, aber sie trotzdem nicht abwenden können, und obwohl ich meine Gegner nicht aufhalten konnte, habe ich sie, wie ich finde, wenigstens einigermaßen sachlich und un-ideologisch, böse und unhysterisch kritisiert, seziert und beschrieben. Kurzum, ich habe recht gehabt, wenigstens das, und das sage ich wirklich nicht, um anzugeben. Ich sage es nur deshalb, weil ich mich immer wieder frage, ob all die Menschen, die finden, dass wir in der kompliziertesten, gefährlichsten Epoche seit 1945 leben, wirklich recht haben, wenn sie unsere Zeit so kompliziert und gefährlich finden – was ich schon deshalb falsch finde, weil sie so tun, als hätte es nicht die Kuba-Atomkrise und das oft sehr blutige 1968 gegeben, als hätten die 89er Revolutionen nicht jederzeit in einen europäischen Bürgerkrieg umkippen können, als hätten die ETA- und IRA-Separatisten nicht ganze Straßenzüge von London und Madrid IS-mäßig in Schutt und Asche gelegt, als wäre nicht in Tschernobyl ein Reaktor in die Luft und Atmosphäre geflogen.

Nein, natürlich haben sie nicht recht, die Apokalyptiker unserer Tage und Jahre. Statt analytisch zu sein, sind sie hysterisch, statt selbstironisch zu sein, sind sie ideologisch, statt die Situation kühl und klar zu beschreiben, machen sie mit ihrer Panik und Verwirrung alles nur noch komplizierter – siehe etwa Cem Özdemirs völlig substanz- und gedankenlosen Wutausbruch in Richtung AfD während der Yücel-Debatte im Bundestag – und suchen manchmal sogar, wie schon erwähnt, ihr Heil in einem angeblich klärenden, tatsächlich aber defätistischen Dialog mit den Neuen Rechten und Post-Nazis, und das alles – alles! – hat, glaube ich, vor allem damit zu tun, dass sie aus Hilflosigkeit und aus Verzweiflung ständig einander nach dem Mund reden und sich mit ihrem Weltuntergangs- und Welterrettungspathos gegenseitig immer weiter anstecken.

Das fällt mir, um genau zu sein, immer dann ganz besonders auf, wenn die halb klugen, halb dummen und manchmal sogar ziemlich klugen Vertreter der öffentlich sprechenden und schreibenden Intelligenzija nach Erklärungen für den parlamentarischen Erfolg solcher Parlamenthasser wie Donald Trump, Viktor Orbán, Matteo Salvini oder Marine Le Pen suchen, wenn sie sie zugleich als übermächtige Neo-Hitlers und bemitleidenswerte Witzfiguren beschreiben – und wenn sie vor allem die immer neuen Wahlrekorde der von ihnen sogenannten Populisten mit der All- und Übermacht des bösen Kapitalismus erklären. Wenn sie also – wie mit einer Stimme, die immer nur nach Slavoj Žižek, Yanis Varoufakis und Thomas Piketty klingt – sagen, unsere Demokratien seien allein deshalb bedroht, weil der gefräßige, unkontrollierte Neoliberalismus die weniger Wohlhabenden und Gebildeten zu weimarhaften Außenseitern ihrer Gesellschaften gemacht habe, was sie darum ganz automatisch dazu bringe, die neuen Nazi-Populisten zu wählen.

Vorhang auf für die ziemlich falsche und ziemlich alte marxistische These, dass Kapitalismus zwangsläufig zu Faschismus führt – was zwar aus der Sicht von Marx, Engels und Lenin strategisch und revolutionstechnisch eine geniale Idee war, aber ansonsten schon deshalb vollkommen falsch ist, weil dieser so erbarmungslos eindimensionale Gedanke vollkommen unterschlägt, dass Menschen keine kommunistischen Heiligen sind und sogar und vor allem als orthodoxe Kommunisten keine Heiligen sein wollen. Statt also zu begreifen, dass es nicht die Ökonomie ist, die immer mehr Leute zu Trump- und Le Pen-Wählern macht, statt sich einzugestehen, dass es vor allem diese vierzig, fünfzig Jahre Post-68er-Tugenddiktatur sind, die die ganz normalen und unnormalen Leute in die Arme so offensichtlicher Bösewichter, Lügner, Diebe und Rassisten treiben, statt eine Weile mit dem produktiven Gedanken zu leben, dass die meisten Trump-Fans und Le Pen-Lover in ihrer Phantasie einfach nur genauso gern wie ihre Vorbilder wären und die neuen Populisten als apolitische Popstars vergöttern, als dunkle Anti-Robin-Hoods, die im Stehen pinkeln, Frauen belästigen, Schwule und Araber ein bisschen hassen und immer dann klauen, wenn sie glauben, dass sie nicht erwischt werden können – statt also mit den eigenen alten diktatorischen, volkserzieherischen, verlogenen und völlig unproduktiven P.C.-Weltvorstellungen und -Dogmen aufzuräumen, vergöttern die Intelligenzija-Linken plötzlich wieder solche Altbolschewiken wie Bernie Sanders und Jeremy Corbyn, Sarah Wagenknecht und Jean-Luc Mélenchon und beschwören mit ihnen, wie im Chor, die Rückkehr zu orthodoxem Marxismus und damit zu einem völlig theoretischen und totalitären Menschenbild, worin sie die einzige Möglichkeit zu erkennen glauben, die sogenannten Populisten aufzuhalten.

Und das erinnert mich, ihren größten und entschlossensten Feind und Kritiker, dann natürlich auch sofort wieder an ihren völlig unehrlichen, von einer versteckten, nationalistischen Agenda bestimmten Umgang mit der deutschen Geschichte, an ihre folgerichtig sehr dogmatische, linke Art, so etwas wie einen zeitgenössischen, aber historisch tief verwurzelten Antisemitismus zu leugnen, vor allem in ihren eigenen Reihen, denn wo eine wahre Lehre herrscht, meinen sie, werden keine menschlichen Fehler gemacht, werden keine Juden gehasst und darum auch, wenn diese wahre Lehre erst einmal unter den armen Entrechteten durchgesetzt ist, keine Neo-Mussolinis amerikanische und ungarische Staatspräsidenten. Toll, vielen Dank, denken Orbán, Trump und Co, wenn sie das hören und lesen, wer solche Feinde hat, der braucht keine Freunde.

Als der große, deutsch-jüdische Journalist Kurt Tucholsky, an den ich in der letzten Zeit immer häufiger denken muss, gegen den hysterischen Weltkrieg-1-Jubel seiner intellektuellen Altersgenossen war, lachten ihn alle aus – und erinnerten sich erst wieder an seine Worte in den Schützengräben von Verdun, während ihnen von den gegnerischen Kanonen die Köpfe und Arme abgerissen wurden. Als Tucholsky in den ersten Tagen der Weimarer Republik dazu aufrief, das alte preußische Militär zu entmachten oder wenigstens demokratisch zu reformieren, damit es nicht einen Weltkrieg 2 beginnen könne, lachten ihn alle aus – und erinnerten sich in der Eis- und Schneewüste von Stalingrad an seine Worte. Und als Tucholsky, kein Linker und kein Rechter, in den 20er Jahren des letzten Jahrhunderts von den noch unkorrumpierten Versprechen der Französischen Revolution und den Idealen der Paulskirche schwärmte, als er immer wieder die Idee eines freiheitlichen Verfassungsstaats, getragen von aufgeklärten, selbstständigen Bürgern, ins Zentrum seiner publizistischen Arbeit stellte, lachten ihn die Linken und die Rechten aus – und erinnerten sich erst nach 1945, wenn sie dann überhaupt noch lebten, an seine Worte und erschufen auch deshalb mit der BRD den demokratischsten Staat, den es je auf deutschem Boden gegeben hatte, mit einer Verfassung, so schön und perfekt wie die Säulen der Akropolis, wie Jeanne d'Arcs Brüste, wie Wolfgang Borcherts traurige Nachkriegserzählungen und Tucholskys allwissendes Großstadtlächeln.

Was ich damit sagen will? Dass es meistens – nein, immer – vor allem wichtig ist, nicht mit der Herde zu rennen und zu stampfen, um zu verstehen, was wirklich gerade politisch und sozial das Problem ist, was also die Zeiten, in denen man lebt, so schwierig macht, denn nur dann kann man, egal ob als Schriftsteller oder als Nicht-Schriftsteller, wirklich begreifen, was Besserung bringen könnte, wenn vielleicht auch nicht sofort. Kurt Tucholsky hat genau so, und nur so, gedacht und geschrieben, und obwohl er, so wie ich, keine der Gefahren, die er benannte und kritisierte, aufhalten konnte, obwohl er aus Enttäuschung und Erschöpfung irgendwann zu arbeiten aufhörte und sich deshalb schließlich sogar umbrachte, wurde er zwei Generationen später zu einem der wichtigsten intellektuellen Stichwortgeber, Schrittmacher, Alleinunterhalter der neuen deutschen Demokratie, ein stil- und meinungsbildendes Idol von aufgeklärten Studenten, bürgerlichen Politikern und unabhängigen Frankfurter-Schule-Juden. Darum – und nur darum – war es also wichtig, dass er seine Stimme behielt, so lange er schrieb, denn die Wahrheit findet früher oder später immer ihren Adressaten.

Ich werde, so lange ich schreibe, deshalb auch versuchen, das zu schreiben und zu sagen, was ich denke. Ich werde mich manchmal ein bisschen irren, manchmal sogar etwas mehr, aber ich werde auf jeden Fall nie die Übereinkünfte der Gruppe, die mich umgibt und bedrängt, unkommentiert und unwidersprochen übernehmen, ich werde sie nicht blind bejahen oder verschweigen, auch auf die Gefahr hin, mir jeden Tag noch zehn Feinde mehr zu machen – so wie ich es, zum Beispiel, immer wieder bei der Frage getan habe, wie ehrlich oder unehrlich das deutsche Nationalprojekt „Vergangenheitsbewältigung" ist. Und vielleicht werden sogar in zwei, drei Generationen junge Deutsche meine Texte lesen, die sich genau von ihnen angesprochen fühlen werden – und eben nicht vom ewigen verlogenen bundesrepublikanischen Holocaust-Staatskult. Ja, und vielleicht wird dann auch, unter anderem wegen meiner Arbeit, das deutsche Nachdenken über die Schoah irgenwann so unegoistisch, empathisch und ehrlich werden, wie es sein sollte, damit Juden und Deutsche sich wirklich vertragen. Denn daran hätte nicht einmal ich, der ewige Kritiker und Danebensteher, etwas auszusetzen.

Deutsche Germanisten

Als 2016 mein bisher jüdischster und persönlichster Roman *Biografie* herauskam, gab es viele Kritiken, die mehr über ihre Autoren verrieten als über das Buch.

In der *Süddeutschen Zeitung* schrieb der Kritiker und Germanist Lothar Müller zum Beispiel genervt: „Das Opus magnum ,Biografie' entsteht aus der Häufung von Episoden, Sketchen, Sitcom-Pointen, jiddischen Brocken und Begriffen der jüdischen Alltagssprache." Außerdem störte ihn an dieser Geschichte zweier jüdischer Freunde aus Hamburg, die beide ohne Erfolg versuchen, der Diktatur ihrer Väter, Frauen und Post-Holocaust-Neurosen zu entkommen, das „hohe Tempo" und der „Turbo-Pointen-Feuerwerk-Stil", der darin angeblich streng „über den Stoff" herrsche. Und schließlich rückte er das Ganze in die Nähe von Etwas, das er mit dem bewährten AfD-Umkehrungstrick als „Holocaust und Hoden" etikettierte, so als wäre *Biografie* in Wahrheit eine Art jüdische Blut-und-Boden-Literatur.

Das alles klang ein bisschen so, als ob Richard Wagner wieder da wäre, um der Welt zu erklären, dass hastige, oberflächliche, ewig witzelnde Juden wie ich gar keine wahren und tief empfindenden Künstler sein könnten. Zugleich hätte Lothar Müller wortwörtlich dasselbe aber auch über die bei deutschen Intellektuellen wie ihm selbst sehr beliebte und sehr jüdische amerikanische Larry-David-Sitcom *Curb your enthusiasm* schreiben können – oder über den neuesten Roman des in unseren Feuilletons hoch angesehenen Philip-Roth-Nachzüglers Jonathan Safran Foer, was die Sache noch undurchsichtiger, widersprüchlicher und interessanter machte.

Auch der *FAZ*-Literaturchef Andreas Platthaus – dessen Kritik den absolut unironischen und selbst-stigmatisierenden Titel *Blondinen benachteiligt* trug – vermisste im Sinne Richard Wagners in *Biografie* abwechselnd das „Wahre", das „Wahrhaftige" und die „Wahrhaftigkeit", so als ob es sich dabei um 896 Seiten Lüge und Täuschung, kurzum: um ehrlose Asphaltliteratur handelte. Noch unangenehmer – „frivoler" – fand er es aber, dass darin „die vielfältigen Störungen und Verstörungen der Romanfiguren Solomon Karubiner und Noah Forlani" als Reaktionen auf die Schoah-Erlebnisse ihrer Eltern beschrieben wurden. Wollte Andreas Platthaus damit sagen, dass nur er als Deutscher wisse, wie man sich als jüdischer Autor mit dem Superverbrechen zu beschäftigen habe, das Deutsche begangen, bejubelt oder zumindest geduldet haben? Und drückte sich in dieser moralisch völlig verrutschten, anmaßenden Kritik nicht seltsamerweise zugleich auch aufrichtige Pietät aus?

Besonders wütend war aber Felix Stephan von *Zeit-Online*. Er fand den Roman einfach nur zu obszön, zu sehr aus der Perspektive des sexbessenenen jüdischen Mannes erzählt. Und er behauptete, es herrsche zur Zeit leider die allgemeine Übereinkunft, dass man genau das nicht laut sagen dürfe, weil man dann sofort die „Rolle des blöden, fleischlosen, subtil antisemitischen, deutschen Literaturkritikers" einnehmen würde, „die Biller für alle jene deutschen Literaturkritiker vorgesehen hat, die ihn nicht vorbehaltlos verehren", wovon er sich selbst aber nicht einschüchtern lassen werde.

Da war sie wieder, die imaginäre Antisemitismus-Keule, in deren eingebildetem Schatten sich angeblich im besetzten Nachkriegs- und dann auch im befreiten Nachwende-Deutschland kein freies geistiges Leben habe entwickeln können, wie als einer der ersten Martin Walser in der Paulskirche raunte.

Und da war vor allem die paranoide Idee, ein einzelner und beim Mainstream nicht sehr beliebter jüdischer Schriftsteller könnte Dutzende deutscher Literaturkritiker dazu zwingen, über ihn das zu schreiben, was er will, so als gäbe es die Weisen von Zion wirklich und er sei einer von ihnen.

Gleichzeitig – und hier erst wurde es wirklich aufschlussreich und paradox – gestand Felix Stephan aber den amerikanisch-jüdischen Autoren der 60er- und 70er-Jahre zu, weiß, geil, männlich, jüdisch und obszön zu sein. Roth, Mailer & Co, meinte er, hätten nur mit Hilfe eines wüsten, pornografischen Vokabulars und Zeichensystems die konservativ-protestantische US-Gesellschaft durcheinanderbringen können. „Und um die Sprache, das Denken und den Geist zu befreien, mussten erst mal ihre Genitalien an die frische Luft", schloss er verständnisvoll, fragte dann aber noch verärgerter und fast schon verzweifelt, was in meinem Roman dasselbe „Stilmittel um Himmels Willen wollen kann". Worauf er abermals keine Antwort fand, mir erneut zu viel Sex vorwarf und obendrein – Eingeweihte kennen die ressentimentgeladene Konnotation des Wortes – etwas, das er „Jargon" nannte. Jargon war früher der herabsetzende Name, den man dem Jiddischen gab.

Portnoys Beschwerden ja, *Biografie* nein? Und waren sich die Rezensenten, die mein Roman irritierte, überhaupt der passiv-aggressiven Ambivalenz ihrer Positionen, Begriffe und Sprache bewusst, die teilweise direkt aus der ideologischen Asservatenkammer von Treitschke, Houston Stewart Chamberlain und solchen längst vergessenen NS-Germanisten wie Jost Trier oder Josef Nadler zu stammen schienen? War ihnen klar, dass sie einerseits als Gralshüter der wahren Erinnerungsarbeit und dankbare Konsumenten und Verteidiger der amerikanisch-jüdischen Provokationskultur des 20. Jahrhunderts auftraten – und andererseits über *Biografie* so dachten und schrieben wie früher deutsche Kritiker über die Bücher von Lion Feuchtwanger, die Gedichte von Mascha Kaléko, die Bilder von George Grosz? Warum verstanden sie nicht, dass dieser Roman mein Versuch war, die deutsche und die jüdische Geschichte neu zu erzählen, indem ich zunächst so viele ihrer Gewissheiten und Konventionen wie möglich zerstörte, auch – aber nicht nur – mit Hilfe des großen, magischen Sextricks? Weil sie es nicht wollten oder weil sie es nicht konnten?

Ja, Sex ist sehr wichtig in diesem Buch. Denn Sex ist nicht nur etwas, was die Menschen zusammenbringt, sondern oft auch auseinandertreibt. Beim Sex werden sie wieder zu den unglücklichen Kindern, die die meisten von ihnen einmal waren, und so versuchen sie, wenigstens in diesen kurzen ekstatischen Momenten ihres erwachsenen Lebens glücklich zu sein. Ohne Sex und erst recht beim Sex merken sie aber auch, wie einsam sie sind, Männer und Frauen, Deutsche und Juden, Juden und Israelis. Sex ist, anders gesagt, immer und überall da, im Leben, in der Literatur, und nicht bloß die Erfindung eines destruktiven jüdischen Sittenstrolchs und Zivilisationsliteraten. Und so ist Sex das perfekte Vehikel für mich, den dankbaren Leser von Charles Bukowski und Edward Limonow, um auf komische, tragische, manchmal auch therapeutisch brutale Weise den jüdischen und den deutschen Lesern zu zeigen, wie lächerlich, grausam, langweilig, verlogen und kontraproduktiv die oft gut gemeinten, aber falschen gesellschaftlichen Übereinkünfte unserer Post-Holocaust-Epoche sind.

Darum kommen in *Biografie*, wie in einigen anderen meiner Romane, Satiren und Erzählungen, so viele halbe und ganze Erektionen, so viele schöne, aber auch traurige deutsche und jüdische Ärsche vor. Sie kommen darin, um genau zu sein, fast so oft vor wie der Tod, die Liebe, das Lachen, der Verrat, die Treue, die Hoffnung, die Hoffnungslosigkeit und der Gott, den es leider nicht gibt – gar nicht zu reden von den vielen jüdischen Gangstern, israelischen Kriegsverbrechern, tschechischen Geheimdienstagenten, deutschen Engeln und Heuchlern, sensiblen Nazis, schlechten Müttern und noch schlechteren Töchtern und Söhnen. Denn das ist das literarische Universum, das ich bewohne, so wie Peter Handke, Rainald Goetz oder Marcel Beyer ihre eigene extremlyrische, eher realitätsabgewandte, sexuell fast unschuldige Welt haben, und ich verspreche jedem, der mit mir meine Welt betritt, dass er sie am Ende mit ein paar Lachern verlässt, und wenn ich gut war, vielleicht sogar mit ein paar Tränen.

Vor einigen Jahren – und das ist besonders interessant – klang es oft noch ganz anders, wenn Rezensenten und Germanisten über meinen exzentrischen Realismus und makabren Humor urteilten. Als 2001 der Roman *Die Tochter* erschien, dessen israelischer Held erst einen Palästinenser brutal tötet, dann vor seiner Schuld nach Deutschland flieht, wo er an seiner eigenen Tochter ein noch viel schrecklicheres Verbrechen begeht, freute sich Thomas Wirtz in der *FAZ* über meine „Lust am Veitstanz im Minengelände der deutsch-jüdischen Geschichte". Jakob Hessing nannte in einem *Merkur*-Essay den 1990 veröffentlichten Kurzroman *Harlem Holocaust*, in dem es um einen Holocaust-Überlebenden geht, der im Wiedergutmachungs-Deutschland als schlechter Schriftsteller und misogyner Pornograf vom schlechten Gewissen der deutschen Kritiker und Frauen bewusst profitiert, „eine deutsch-jüdische Konfrontation von bisher unbekannter Radikalität". Und der Literaturwissenschaftler Norbert Otto Eke schrieb über diese beiden Bücher und zwei weitere Erzählbände, sie legten „Sprengsätze an die eingerasteten Vorstellungsbilder und die genormten Wahrnehmungsweisen im Umgang von (deutschen) Juden und Nicht-Juden". Damit konnten ich, mein Verleger und meine Eltern etwas anfangen.

Im Ernst: Was einmal als mein zulässiger, bedenkenswerter, burlesker Angriff auf die gemeinsame Welt, die Deutsche und

Juden nach dem Krieg ziemlich getrennt bewohnten, verstanden, respektvoll beschrieben oder auch kritisiert wurde, sehen heute viele einfach nur als persönlich gemeinte Attacke gegen sie selbst. Was hat sich verändert? Warum sind plötzlich so viele so empfindlich? Sind die deutschen Intellektuellen – auch die linken und liberalen – deutscher als vor 1989, in einem ästhetischen, romantischen, traditionalistischen Sinn? Sind die heutigen Geisteswissenschaftler, Feuilletonisten und Literaturkritiker weniger weltläufig, kosmopolitisch, universell ausgerichtet als Leute wie Hans Mayer, Hans Jonas, Marcel Reich-Ranicki oder Friedrich Torberg? Sind sie alle zusammen idiosynkratischer und provinzieller geworden, benebelt von Botho Strauß' und Peter Sloterdijks schwammigen, andeutungsreichen Mythengesängen, desorientiert von zuviel Stefan-George- und Luhmann-Lektüre? Wollen sie, seit ihnen keine alliierte Siegermacht und kein alter Emigrant mehr reinreden kann, unter sich bleiben, hinter dem Limes, um an einem großen, archaischen, präzivilisatorischen Feuer ihre kleinen, von der Kriegs- und Holocaustschuld verletzten Seelen zu wärmen? Und wie passt dazu, dass sie von amerikanisch-jüdischen Schriftstellern, Komikern und dem ewigen Epigonen Bob Dylan nicht genervt sind? Weil die auf der anderen Seite des Ozeans, in einem sehr fernen, anderen Kontinent ihr unterhaltsames Ruhestörer-Geschäft betreiben und damit nicht in die Gedanken- und Bewältigungsprozesse des neuen Deutschlands eingreifen können? Ja, wahrscheinlich – aber das zu wissen, macht es mir auch nicht leichter, ihnen weiter auf meine Art Geschichten über Juden und Deutsche zu erzählen.

Biografie heißt mein Roman übrigens deshalb, weil darin immer wieder narrativ die Frage gestellt wird, wie die beiden Helden Noah Forlani und Solomon Karubiner so pervers, witzig, melancholisch, street smart und wahnsinnig jüdisch werden konnten, wie sie sind. Antwort: Weil schon ihre Eltern und

Großeltern so waren und weil ihnen das überhaupt nicht dabei geholfen hat, seelisch unbeschadet der Schoah und den stalinistischen Verfolgungen zu entkommen. Und weil diese am Leben gebliebenen Halbtoten später nicht nur ihre Selbstironie, ihre Lebensweisheit, sondern auch ihre Traumata und schlechten Gewohnheiten an ihre Kinder weitergegeben haben. Und weil alle anderen Figuren in diesem Buch ebenfalls Sklaven und Profiteure ihrer Biografien sind. Man könnte es aber auch so sagen: Weil keiner von ihnen sprechend, denkend und bereits schuldig vom Himmel auf die Erde gefallen ist, ja, weil sie alle sich nicht selbst die ersten Seufzer, Worte und schmutzigen Überlebenstricks beigebracht, sondern sie von den Erwachsenen, die schon vor ihnen da waren, gelernt haben.

Was für die Literatur gilt, gilt erst recht fürs Leben – für mein Leben, für das Leben meiner Familie, meiner Freunde, aber auch meiner Kritiker. Wir alle haben eine Geschichte, die nicht nur unsere eigene Geschichte ist, sondern auch die unserer Vorfahren. Durch uns sprechen sie, die oft schon sehr lange tot sind, zur Gegenwart, sie kommentieren sie, sie lehnen sie ab, sie feiern sie, und natürlich sind wir nicht immer einverstanden mit ihnen, wir hassen sie oder kritisieren sie. Niklas Frank, der Sohn des nach dem Krieg gehängten Generalgouverneurs von Polen Hans Frank, wollte als Erwachsener nichts von den giftigen Gedanken seines Vaters wissen, und er schrieb ein Leben lang mit derselben Wut gegen den Nazivater an, mit der dieser Jagd auf Juden und polnische Widerstandskämpfer gemacht hatte. Der Holocaustforscher Saul Friedländer arbeitete deshalb in seinem langen Forscherleben hunderttausende von Archivseiten durch, weil er Tag und Nacht die Hilfeschreie seiner in Auschwitz getöteten Eltern hörte und sie auf diese Weise zu neuem Leben erwecken – sozusagen retten – wollte, und gleichzeitig war jedes seiner Bücher der Hilfeschrei des kleinen Jungen, der damals plötzlich ganz allein war auf der Welt. Oder die Politikerin Beatrix von Storch. Sie versucht als eine der Protagonistinnen der AfD das moderne Deutschland abzuschaffen und durch ein rechtes, autoritäres, extrem-chauvinistisches Deutschland zu ersetzen, um so vermutlich – in einem komplizierten tiefenpsychologischen Vorgang – ihren in Nürnberg zu zehn Jahren verurteilten Großvater und Hitlers Finanzminister nachträglich zu rehabilitieren und quasi moralisch ins Recht zu setzen.

Worauf ich hinaus will? Dass ich mich früher, als meine Romane und Erzählungen noch nicht als jüdisch verdächtigt und kategorisiert wurden, nie gefragt hatte, wessen Kinder, Enkel und Schüler eigentlich meine deutschen Kritiker sind. Es reichte mir zu denken, dass aus diesen Frauen und Männern immer nur sie selbst sprachen, die jungen, unschuldigen Bewohner eines Nicht-Nazi-Deutschlands, die persönlich gar keine Juden mehr kannten, außer aus dem Fernsehen und der Literatur, weshalb sie auf jemanden wie mich neugierig waren, unabhängig davon, ob sie mit mir einverstanden waren oder nicht. Bei den oft vorurteilsbeladenen und antizivilisatorisch argumentierenden Publizisten dieser Tage und Jahre frage ich mich aber umso mehr, wer sie erzogen hat und was sie sich zu Hause von ihren Vätern und Großvätern über die Juden anhören mussten. Ich will wissen, wer ihre Professoren waren und was die ihnen über ihre eigenen Naziträume und -verwicklungen erzählt hatten. Ich möchte verstehen, warum sie sich, obwohl die meisten von ihnen bereits tot sind, immer noch und schon wieder in unser literarisches Leben einmischen können. Zu denken, der kaum noch kontrollierte Antisemitismus und Kulturchauvinismus der linken Mitte sei allein auf die Gehirnwäsche der israelhassenden 68er und ihrer bürgerlichen Apostel zurückzuführen, kommt mir schon lange naiv vor.

Eines Tages bekam ich einen überraschenden Hinweis auf die biografische und akademische Prägung der Kritiker und

Philologen von heute. Die Germanistin Hannelore Schlaffer verteidigte im Juni 2016 in einem großen Essay im *Merkur* – also nur ein paar Monate nach der Veröffentlichung meines so jüdischen Romans – Hans Robert Jauß, einen der berühmtesten und einflussreichsten deutschen Professoren der Nachkriegszeit, der es bis kurz vor seinem Tod geschafft hatte, seinen ungezählten Studenten, Kollegen und Jüngern zu verschweigen, was er vor 1945 gemacht hat. Schlaffer schrieb begeistert, sie habe Jauß immer nur als verständnisvollen, engagierten, fantastischen Lehrer kennengelernt, dem es darum gegangen sei, eine enge Gemeinschaft von Schülern um sich zu versammeln, und natürlich sei dieser „Gemeinschaftssinn der Schule des Nationalsozialismus entsprungen, wie überhaupt" – Vorsicht, vernebelnde Relativierung! – „alle schätzenswerten Eigenschaften von Jauß, seine Treue, Zuverlässigkeit und Fairness in Gefahr sind, nur von dorther gesehen zu werden".

Alle schätzenswerten Eigenschaften? Wirklich? Und so etwas steht 2016 im *Merkur*? Dazu muss man wissen, dass Jauß eine Waffen-SS-Karriere hinter sich hatte wie wenige im Dritten Reich. Er stieg im Lauf des Kriegs bis zum Hauptsturmführer auf und war als Kommandant immer dort – in Russland, in Kroatien –, wo Frauen, Kinder, Kriegsgefangene, Partisanen erschossen wurden. Seine bekannteste Leistung als Germanist hieß Rezeptionsästhetik, was seiner Meinung nach die einzige Möglichkeit war, einen Text zu lesen und zu analysieren: nicht objektiv-zeitlos, nicht als richtig oder falsch bewertend, sondern immer nur mit den Augen des Lesers aus dem „Erwartungshorizont seiner Lebenspraxis" heraus. In anderen Worten: Wer 1972 seine Wahrheiten bei Heinrich Böll fand, weil er der repräsentative BRD-Autor war, ließ sich 1944 ohne jede moralische Schuld vom NSDAP-Hofautor Will Vesper erleuchten, und nach derselben Logik könnte man dann auch den Chruschtschow-Liebling Scholochow oder den bolschewistischen Schreibtischtäter Hermann Kant zu großen Autoren erklären. Sehr durchschaubar und vollkommen falsch, finde ich. In den 70er und 80er Jahren mussten trotzdem fast alle Studenten der Germanistik diese als komplizierte Theorie getarnte, simple Mitläufer-Apologetik auswendig lernen, auch und vor allem die linken.

Was hat Hannelore Schlaffer also bei Jauß außer nationalsozialistischem Korpsgeist gelernt? Dass jede Zeit ihre Postulate hat, dass es am Ende kein Gut und Schlecht gibt, sondern nur eine geschmeidige SS- und Germanisten-Karriere? Oder vielleicht auch, dass Juden zwar sehr intelligent sind, aber immer nur stören? Und dass sie als Schriftsteller zu oberflächlich, zu witzig, zu stilbewusst sind, um tief genug zu empfinden und wahre, wahrhaftige Kunst zu erschaffen? Dazu sagt Schlaffer in ihrer skandalösen Jauß-Verteidigung nichts, natürlich nicht, aber der Romanist und ehemalige Jauß-Student Albrecht Buschmann meint, er merke „bis heute, wie tief Jauß' Denkfiguren in mir stecken". Und fährt fort: Dieser Dämon lebt „auch im Leitbild einer in objektivierendem Gestus daherkommenden schneidig kompetitiven Wissenschaft, in der die Besten nicht mehr mit Nahkampfspange oder Eisernem Kreuz, sondern akademischen Pfründen belohnt werden". Noch wichtiger und deprimierender ist, was der Stanford-Professor Hans Ulrich Gumbrecht, der bei Jauß promoviert und irgendwann dessen Sekundärtugenden-Pädagogik durchschaut hat, über die Wirkung von Jauß und seiner verschworenen Philologen-Gemeinschaft schreibt: „Mindestens zwölf seiner ehemaligen Assistenten haben über viele Jahre Lehrstühle besetzt und an Generationen von deutschen Literaturwissenschaftlern ihre intellektuelle Prägung weitergegeben."

Ja, das sind wirklich eine ganze Menge – aber noch lange nicht alle, die die verborgene Nazi-Stafette an jüngere Generationen weitergegeben haben. Denn da wären, wenn man darüber nachdenkt, wer die heutigen Literatur-Arbeiter ausgebildet hat, auch noch die vielen Schüler und Assistenten von Peter Wapnewski, Fritz Martini, Walter Höllerer, Hans Schwerte, Arthur Henkel und all den anderen großen und kleinen Ex-Nazis, die nach dem Krieg die akademische und literarische Welt mit ihren mal mehr, mal weniger durchsichtigen Rechtfertigungstheorien und nächtlichen, alkoholseligen Front-Monologen benebelt und belästigt haben, wobei sie – und das ist absolut entscheidend – zugleich sehr gekonnt das Demokratie- und Philosemitismus-Spiel mitspielten. Wenn Jauß sich also, wie Gumbrecht schreibt, entschlossen „für das Erbe jüdischer Intellektueller engagierte" oder wenn der ehemalige Himmler-Elitebeamte Schwerte an der Aachener Universität einen Lehrstuhl für jüdische Literatur einrichtete, so ist das vielleicht ein Beweis für ihr schlechtes Gewissen oder ihren Opportunismus. Ganz bestimmt ist es aber, bedenkt man ihre frühere ideologische Orientierung, genau diese Ambivalenz, die ihre Schüler und Studenten bis heute mit sich herumtragen und die sie darum manchmal nur mit Mühe verbergen können.

Aber zurück zu *Biografie*, zurück zu der ganz konkreten Frage, warum es inzwischen immer mehr deutschen Literatur-Schreibern so schwer fällt, den jüdischen Roman eines zeitgenössischen deutsch-jüdischen Autors vorurteilslos zu lesen, zu verstehen, zu kritisieren – und warum sie ihn statt dessen, versteckt hinter einer philosemitischen Einerseits-Andererseits-Maske a priori als befremdend, unauthentisch, unliterarisch abtun, wieso sie nicht imstande sind, sich in seine Figuren und ihre inneren Konflikte hineinzudenken, warum sie die mit diesem Roman verbundenen ästhetischen und moralischen Herausforderungen als lächerlich, frech, obszön und überflüssig ablehnen, weshalb sie glauben, dass nur sie wissen, wie jüdische Literatur geht, und zwar am besten gar nicht, oder nur, wenn sie in Amerika spielt und auch geschrieben wird. Kann es sein, dass diese eindeutig gestrige, antimoderne und immanent antijüdische Abwehrhaltung damit zu tun hat, von wem sie Denken und Schreiben gelernt haben? Ist es möglich, dass sie bis heute am literaturwissenschaftlichen Gängelband ihrer verlogenen Erzieher hängen? Oder ist dabei fast noch entscheidender, was sich bei ihnen sonst noch biografisch und familiär abgespielt hat?

Ich bin wirklich sehr neugierig, wer von den Jauß- und Schwerte-Schülern – es müssen Tausende, Zigtausende gewesen sein – über meinen so jüdischen Roman oder vielleicht auch über eins meiner anderen Bücher einen Aufsatz oder eine Kritik geschrieben hat. Und ich würde gern wissen, wann so jemand seine ganz eigenen Gedanken, Beobachtungen, Analysen und Gefühle formulierte – und wann dabei seine akademischen Väter aus ihm sprachen, die das Pech hatten, schließlich doch noch fast alle als ehemalige Nazi-Täter, -Karrieristen, -Ideologen enttarnt zu werden. Wahrscheinlich werde ich es nie erfahren – denn in Deutschland herrscht bis heute die Schweigepflicht nicht nur bei Ärzten und Anwälten, sondern auch in den einfachsten persönlichen Fragen. Darum werde ich aber auch möglicherweise nie herausfinden, wie die richtigen Väter und Großväter der „Generation Jauß" über Juden, Sozialdemokraten und Amerikaner gedacht haben, was sie früher ihren Töchtern, Söhnen und Enkeln beim Mittagessen oder Sonntagsspaziergang erzählt haben, in welcher SS-Division oder in welchem Nazi-Ministerium sie vielleicht die beste Zeit ihres Lebens gehabt hatten. Denn entweder haben die Töchter, Söhne und Enkel das längst vergessen. Oder sie schämen sich dafür. Oder sie wissen einfach nicht, wie sie sonst damit umgehen sollen, dass sie von jemandem geliebt wurden, der auch Hitler liebte, und schweigen deshalb darüber. Nein, man muss nicht selbst ein Kind des Dritten Reichs gewesen sein, um seine biografischen Spuren verwischen zu wollen – in Deutsch-

72

land herrscht auch noch siebzig Jahre nach Kriegsende in fast allen Familien die Nazi-Omertà, und einer wie Niklas Frank ist eine seltene Ausnahme.

Wer ich bin, woher ich komme, wer und was aus mir spricht, weiß jeder, der es wissen möchte, der meine Bücher und Artikel liest – denn ich verschweige es niemandem. Zur Erinnerung: Mein Großvater war ein ruthenischer Jude, der eine russische Jüdin heiratete, von der er vier Söhne bekam, darunter meinen Vater, der zwar als Jugendlicher den großen Stalin-Terror erlebt hat, aber trotzdem so dumm war, für ein paar Jahre Kommunist zu werden – bis die große Stalinvernichtungsmaschine auch ihn fast verschlungen hätte, und zwar, weil er Jude war und sich das nicht ausreden lassen wollte. Wahrscheinlich habe ich genau darum so einen Hass auf jede Ideologie, die so tut, als habe sie das Wohl der Menschen im Auge, in Wahrheit jedoch nur dazu dient, ein paar sadistische, rassistische, geldgierige Heuchler zu Chefs zu machen, und das gilt natürlich für jede Ideologie. Vielleicht bin ich aber auch nur deshalb so widerspenstig, so jüdisch, weil ich mich schon immer zu Hause gegen die Ein-Mann-Ideologie meines Vaters, gegen seine oft sehr apodiktischen, brachialen, jüdischen Erziehungsmaßnahmen wehren musste. Und vielleicht finde ich Sex so wichtig, weil Sex bestimmt auch in seinem Leben immer wieder eine große, schicksalhafte Rolle gespielt hatte. Ach so, und übrigens habe ich in München bei dem sehr altmodischen, höflichen, strengen Wolfgang Frühwald Neuere Deutsche Literatur studiert, und als der in der mündlichen Magisterprüfung mit mir ständig darüber reden wollte, dass Göring eine jüdische Geliebte hatte, fand ich es einfach nur witzig.

Interessant, nicht wahr? Wer das alles über mich weiß, versteht bestimmt noch genauer, warum ich für mich selbst diese sehr brutale, komische, enttabuisierende und zugleich klassische Poetologie entwickelt habe, dem wird sofort klar, welcher

Geschichten, Erfahrungen und Gedanken, die nicht ursprünglich meine sind, ich mich bediene, wenn ich versuche, hinter die Kulissen der ewigen menschlichen Tragödie zu schauen, und ob dabei jedes Mal ein perfektes Buch rauskommt, ist hier gerade überhaupt nicht die Frage. Wer oder was aber aus denen spricht, die meine Arbeit beurteilen, analysieren, den Lesern vermitteln oder ausreden wollen, weiß ich leider auch nach dreißig Jahren als Schriftsteller immer noch nicht. Aber vielleicht wissen die Kritiker selbst gar nicht, mit wessen Stimme sie reden oder – wenigstens – aus welchem historischen Raum das Echo kommt, das sie erzeugt. Möglicherweise ist ihnen ja noch nicht einmal bewusst, dass jemand oder etwas aus ihnen spricht, der oder das nicht unmittelbar sie selbst sind. Und ganz sicher sollten sie sich dessen endlich bewusst werden und fragen, ob sie wirklich manchmal wie böse, alte, antisemitische NS-Germanisten klingen wollen. Und hinterher sollten sie sich auch noch überlegen, ob sie das gut oder schlecht finden und ob sie das noch ändern können oder wollen.

Als ich angefangen habe, zu schreiben, habe ich immer gedacht, ich sei ein jüdischer Schriftsteller in Deutschland. Ich fand das gut und richtig, und es hat mich, ich gebe es zu, manchmal auch inspiriert, wenn ich gemerkt habe, wie irritiert viele Deutsche davon waren. Zur Zeit bin ich aber nicht so gern jüdischer Schriftsteller in Deutschland. Ich hoffe, es wird sich wieder ändern.

Maxim Biller, geboren 1960 in Prag, lebt seit 1970 in Deutschland. Sein Studium der Literatur, Geschichte und Philosophie in Hamburg und München schloss er mit einer Arbeit über das Frühwerk Thomas Manns ab. Von ihm sind bisher u. a. erschienen: der Roman *Die Tochter*, die Erzählbände *Wenn ich einmal reich und tot bin*, *Land der Väter und Verräter*, *Bernsteintage* und *Liebe heute*. Der Roman *Esra*, den die FAS als „kompromisslos modernes, in der Zeitgenossenschaft seiner Sprache radikales Buch" lobte, wurde gerichtlich verboten und ist deshalb zurzeit nicht lieferbar. Seine Bücher wurden insgesamt in sechzehn Sprachen übersetzt. Zuletzt erschienen sein Memoir *Der gebrauchte Jude*, die Novelle *Im Kopf von Bruno Schulz* sowie der Roman *Biografie*, den die SZ sein „Opus Magnum" nannte, und über den es im Deutschlandfunk hieß: „Unglaublich glänzend erzählt, mit knallharten Dialogen und aberwitzigen Pointen … Eine neobarocke Wunderkammer." In diesem Herbst hat Maxim Biller den Roman *Sechs Koffer* veröffentlicht.